相手の気持ちをグッとつかむ書き方の極意

Saito Takashi
齋藤 孝

東京堂出版

はじめに

いまの若い人たちは文章を読まなくなったし、書かなくなったといわれています。

でも、本当にそうでしょうか。

たしかに出版業界は不況で本も売れません。新聞をとる人もめっきり減ってきました。活字離れが進んでいるといわれると、そんな気がします。

しかしその一方でＬＩＮＥやツイッターといったＳＮＳが急速に広がり、ビジネスの現場でも毎日ものすごい数のメールがやりとりされています。

実は私たちは毎日おびただしい量の文章を読み、書いているのです。いまだかつてこれほど膨大な文章に囲まれて生活していた時代があったでしょうか。

いまやちょっとしたことでもＬＩＮＥやメールの文章で伝え合うのは常識です。21世紀は見たり、聞いたりする文化が主流と思われていますが、実際には「おしゃべり」さえも文字にして送ってしまうのですから、書く分量が圧倒的に増えた「書く時代」だといってもいいでしょう。

そんな時代だからこそ、気持ちを文章で伝え、相手の気持ちをつかむ技術は、とても重要になっています。


誰もが気軽に書くことができるという一方で、ちょっとした単語の選択や語尾のニュアンス、言葉づかいによって、ブログが炎上したり、相手を怒らせてしまうのは日常茶飯事です。

リスクの少ない文章で、かつ相手の気持ちをつかむ文章をいかにストレスなく書けるか。これが、これからを生きる力になっていくでしょう。

仕事においても交友関係においても、良好な人間関係をつくり、維持し、発展させることが大切です。その際に、相手の気持ちをきちんと考慮したうえで、適切な言葉づかいで、相手の気持ちを自分に引き寄せる書き方の技術が重要です。

「相手の気持ちをグッとつかむ書き方」というのは、文章によってコミュニケーションをはかることの多いこの時代において、不可欠な技術ともいえるのです。

時代が変わるにつれ、「書いて伝えるための媒体」も変わってきました。昔ながらの手紙、一筆箋や葉書、そしてメールやSNS、ツイッター、ブログ、さらにはLINEまで、私たちは日々さまざまな媒体に「書いて」、コミュニケーションをとっています。書く機会が増えているいま、「相手の気持ちをグッとつかむ書き方」の大切さはさらに増しているといえるでしょう。

相手の気持ちをつかむには、こちらの気持ちをうまく伝える書き方も大切です。

本書では、その技術について、わかりやすく紹介していきたいと思います。

ここに掲げたのは今日からすぐ使えるコツばかりです。本書を活用していただくことで、読者のみなさんの人間関係がさらに円滑になることを願ってやみません。

目次

第四章 「断る」 自分も相手も傷つけないことが大切

第五章

「恋文」思いのたけを文章で伝える技

恋文を書くという青春を楽しんでみる

第八章 「お礼」 お礼の言葉はモノに添える「気持ちの粗品」

第九章　「励まし」　足りないところを指摘するのではなくいいところをほめる

帯写真　鈴木克典（Ficate）
編集協力　辻　由美子

第一章

気持ちを伝える文章力の鍛え方

書く力は「幸せ力」につながる

電話やインターネットという通信手段がなかった時代は、文章で書いて伝える手紙などが長く人間関係を支えてきました。

画家のゴッホは弟のテオや親友ベルナールと頻繁に手紙をやりとりしながら、それを自分の精神的な支柱として生活していました。

「今ここはたまらない季節風に吹き曝されていて、仕事にはとても都合が悪い。でも本当の冬が来る前にはまだ良い天気があるだろう」

と、テオに近況を報告したり、

「ああ、ここの真夏の太陽の美しさ！　頭を日にうたれて、気が変になるのも無理はない。もうおかしいのかもしれない、僕はただ悦ぶだけだもの」

とベルナールに感動を伝えたり、また

「百フランの送金と君の手紙、ゴーガンと僕と二人で心から礼をのべる」

などというように、テオからの送金にお礼を記したりして、自分の気持ちをストレートに伝えることで、テオとの関わりを保っていたのです。

また『きけ　わだつみのこえ』では、出征する直前の兵士たちが手紙で残る人たちに思いを伝える文章がいくつも紹介されています。

「飛行機に乗れば器械に過ぎぬのですけれど、いったん下りればやはり人間ですから、そこには感情もあり、熱情も動きます。（略）死は天国に行く途中でしかありませんから何でもありません。明日は出撃です」

文章のやりとりを通して、死に向かう自分自身と残される人たちの精神を支えていたのです。

そう考えると、文章で気持ちを伝えられることこそが深い人間関係をとり結べる有力な方法ともいえましょう。そういう心の通い合う人が何人もいることが幸せのバロメーターだったのです。

いまはメールが全盛の時代ですから、文章で心を伝え合う場面はそれほどないと思うかもしれません。

しかし、そんなことはありません。メール1本でちゃんと人間関係ができる人と、何回やりとりしても人間関係ができない人がいるのは確かです。

その差は何かというと、きちんと自分の気持ちを文章にのせられるのか、のせられないのかの違いなのです。

気持ちとは、その人固有の情報といってもいいでしょう。コピー&ペーストした文章だと、その人固有の情報は含まれていないので、そんなメールや手紙をもらっても心が動くことはありません。

でも真心がこもった手紙や優しさにあふれた文章をもらうと、それだけで心の距離がぐっと近づきます。

それは、その人固有の情報が手渡されたからです。私の周りを見ていても、人間関係力の強い人は情報の交換が密であることが多いのです。互いにプラスになる固有の情報をどんどん渡し合って、便宜をはかっています。

そうやって互いに情報を交換しながら、気持ちを通わせているからこそ、人間関係はさらに強固なものになっていきます。

つまり、彼らの情報には、きちんとその人自身の気持ちがのっかっているのです。

たとえば子どもが受験に成功した母親がいて、「こういう場合はこんな塾がいいと思いますよ」と情報提供するとしましょう。その情報の伝え方によっては、それが相手の親に対する共感や励ましになって、その情報自体が贈り物になります。

そうやって情報の贈り物をたくさん渡したり、もらったりできる人が幸せ感が強くなっていくわけです。

ところが一方で、伝え方を間違えると、同じ情報提供であっても、相手に不快感を与えてしまいかねません。

相手にとって贈り物になる情報を、どうやって伝えられるか。

そこに、「書いて伝える技術」の重要性が問われている気がします。

人の幸福が人間関係にあるとすると、人間関係をつないでいくものが、その人固有の情報、すなわち気持ちがのった情報です。

いまはメールやＳＮＳなど文章が主流ですが、そうした文章に「気持ちがのった情報」をのせられる人が幸せな人間関係が築けるのです。

まさに「書く力」は「幸せ力」そのものといってもいいでしょう。

気持ちが伝わる文章を書く技術が取得できれば、相手の気持ちが良い方に動き、人間関係が広がり、幸福感が増していくのは間違いありません。

ではどうすれば、気持ちが伝わる文章を書くことができるのでしょうか。

ここではそのちょっとしたコツをご紹介しましょう。

1 いい小説、いい映画から言葉を探してくる

言葉が感情を伝えるものだとすると、言葉によって人の感情が変わったり、影響を受けることはおおいにあります。

とくに文章は、その場で消えていく話し言葉と違って、目で見て、何度も読み返し、リフレインして訴えかけるものなので、「どのように書いて伝えるか」、その書き方の技術が、相手を動かす強力な武器になります。

書いて伝える言葉の力を鍛えたいなら、参考になるのが、小説です。

私は小説を、台詞《せりふ》を中心に読むことが多いのですが、いい小説かどうかは、いい言葉が入っているかどうかで判断します。

村上春樹さんの小説はとても気が利いた台詞や言葉があちこちにちりばめられているので、あれほど多くの読者を獲得しているのでしょう。

たとえば恋愛の教科書と呼ばれる『ノルウェイの森』には珠玉の言葉があふれています。女性から「(私のことを) どれくらい好き?」と聞かれて、主人公の「僕」はこう答えま

す。「春の熊くらい好きだよ」。ヘアースタイルをどう思うか聞かれたときは「世界中の森の木が全部倒れるくらい素晴しいよ」と答えます。こんなおしゃれな台詞が書けるとは、まさに春樹ワールド全開です。

またレイモンド・チャンドラーやダシール・ハメットなどハードボイルド小説には切れ味のいい台詞が多くみられます。

「男はタフでなければ生きていけない。優しくなければ生きている資格がない」

この有名な台詞は、チャンドラーの小説に登場する探偵の言葉です。これは生島治郎さんが、ハードボイルドを説明する言葉として用いて有名になりました。さすがに文章を書く作家として地位を築いたプロの言葉は違うな、と思います。

私はいまドン・ウィンズロウが書いた『フランキー・マシーンの冬』という本を読んでいる最中ですが、この作品も切れ味いい台詞が満載で、ぐいぐい心をわしづかみにしてくれます。

「罰はきのうにくれてやれ。お互い、きょうをめいっぱい生きるしかない」

日常生活の中では、こんなかっこいい台詞を言う機会はありません。せめて書き言葉の中に使ってみるのも、おしゃれではないでしょうか。

映画にもかっこいい言葉はあります。私は映画もほぼ毎日観るものですから、日々大変な量の台詞に触れていることになります。映画の台詞は、脚本という文章で書かれている言葉をしゃべっているので、登場人物の台詞に注目してみていくと、言葉を鍛えるうえで非常に参考になります。

優れた脚本家の映画であればあるほど、言葉に深度があって、感情の深い部分にぐいっと刺さってきます。映画の本場ハリウッドでは脚本家の地位が高いのもうなずけます。いい小説やいい脚本家の言葉に触れて、センスを磨いていくのも、書く力を鍛える絶好のトレーニングになるでしょう。

★ 小説や文学作品を読んで、気に入った決め台詞はメモしておこう。

2 イメージを文章で伝える

孔子は『論語』の中で「辞は達するのみ」と言っています。

言葉は意を達すればいい。相手に伝えることができればいいのだ、という意味です。

まずは用件を伝えるのが一番ですから、美文で飾りたてる必要はありません。

大切なのは、自分が心の中で思っていることを言葉に変換する作業です。心の中が写真に撮れれば、「こんな景色だよ」とか「こんな形のものだよ」とパチッと撮影して送ればいいので簡単です。

でも心の中は見えないので、それを伝えるのは容易ではありません。

そんなとき、一番いいのはイメージにして伝えることです。宮沢賢治の『春と修羅』という詩には、ゆるんだ泥炭地を修羅がはいまわるイメージが表現されています。

「いかりのにがさまた青さ
四月の気層のひかりの底を

唾《つばき》し　はぎしりゆききする
おれはひとりの修羅なのだ」

このように表現される一連の文章を読むと、歯ぎしりしながら、ドロドロの湿地の上をはいずりまわる一人の修羅と、生命力にあふれた春の光の対比が目に浮かんでくるようです。

また夏目漱石は弟子を励ます手紙にこんな表現をしています。

「君方は新時代の作家になる積《つもり》でせう。僕も其積《そのつもり》であなた方の将来を見てゐます。どうぞ偉くなつて下さい。然《しか》し無暗《むやみ》にあせつては不可《いけ》ません。たゞ牛のやうに図々しく進んで行くのが大事です。（略）うんうん死ぬ迄《まで》押すのです。それ丈《だけ》です」

決して奇抜なイメージではありませんが、「牛のようにうんうん押しなさい」と言われると、「根気よく、一歩一歩真剣にやりなさい」と言われるより、相手にしっかり伝わります。「うんうん」という言葉も面白いし、馬ではなく牛のイメージも「根気よくやりなさい」という漱石が伝えたい思いにぴったりはまります。

抽象的な文章を並べても、気持ちが伝わりにくいのですが、「うんうん押す牛」というイメージで表現するだけで、漱石の気持ちが弟子たちの心にすっと入ってきます。

文学者はこうしたイメージ化が上手です。芥川龍之介の『蜘蛛の糸』も、あの内容は中央アジアあたりで伝えられてきた民話なのだろうと思います。ドストエフスキーの『カラマーゾフの兄弟』にもまったく同じ筋の話が出てきます。

ただしドストエフスキーの場合は蜘蛛の糸ではなく、ネギです。主人公はネギをつかんでいたのですが、それが途中で切れてしまって、地獄に落ちてしまいます。

私はドストエフスキーのその文章を読んだとき、ネギよりクモの糸のほうがきれいだな、と思いました。クモの糸が途中で切れて、空中でぶらりとたれ下がりながら、キラキラ光っている様子が鮮やかに目に浮かんでくるからです。

「あっと云《い》う間《ま》もなく風を切って、独楽《こま》のようにくるくるまわりながら、見る見る中《うち》に暗《やみ》の底へ、まっさかさまに落ちてしまいました。

後にはただ極楽の蜘蛛の糸が、きらきらと細く光りながら、月も星もない空の中途に、短く垂れているばかりでございます」

このイメージがあまりに強烈だったので、小学生のとき、私は『蜘蛛の糸』を読んで忘れられなくなってしまいました。蜘蛛を殺すと、もしかしたら助けてもらえなくなるのではないかとこわくなって、それ以来、今日にいたるまで、私は蜘蛛を殺したことがないのです。

それくらい、「イメージの力」は強力です。何かを伝えようと思うのなら、この思いや伝えるべき用件は「どんなイメージに変換できるだろう?」と考えてみるといいと思います。

★ 自分の気持ちを、イメージに変換する習慣をつけよう。

3 心の中の感触に「把手」をつけて引っ張りだす

心の中にあるものをイメージ化するには、自分自身の内側にある感情を見つめる必要があります。「こんな感じ」というものをイメージ化できれば、より印象深く相手に届けられるでしょう。

自分自身の内側を見て、感じたところに深く降りていく方法を「フォーカシング」といいます。フォーカシングはアメリカの臨床心理士ユージン・ジェンドリンが提唱した心理療法で、自分の心の中のもやもやしたものに「これは何だろう」と焦点を当てていくやり方です。

たとえば何となく落ち込んでいたり、イライラする状態があったとします。そういうときは、自分の胸に手を当てて、目を閉じ、ゆっくり呼吸をしながら、「これはどういう感覚だろう」と味わいます。

そしてその感覚に言葉を当ててみるのです。

このザワザワする感じは嫉妬心ではないか。

友人の成功を素直に喜べない自分がいるのではないか。

などと考えて、「嫉妬心」という言葉がぴったりだと思ったら、それを把手《とって》のように感情にくっつけて引っ張りだしてみます。

これがフォーカシングです。もやもやした心の状態に言葉という把手をつけて、感情を明確にできれば、気持ちが楽になります。心の中をイメージ化する過程もフォーカシングの方法論が使えます。

たとえば本を読んで、その感想を文章で表現したいと思うとき、ただあらすじを説明したのでは感動が伝わりません。あらすじを伝えるとしても、それとは別に自分が感じた感覚をイメージとしてつけ加えたほうが、よりインパクトをもって伝えられるでしょう。言葉の把手を探すのです。

ロシア語の通訳者で作家の米原万里さんが自身の読書体験を記したエッセイがあります。そのタイトルが『打ちのめされるようなすごい本』というのです。〝打ちのめされるような本〟とはどんな本かと思ってしまいます。

本を読んだとき、自分の心の状態はどんなふうだったのか。

時間を忘れてしまうようだったのか。

別世界に入り込んでしまったようだったのか。

ハンマーで頭を殴られたような感じだったのか。

感覚をさぐりながら、フォーカシングして言葉という把手をつけていくと、イメージ化がしやすくなるでしょう。

★自分の中のもやもやしたものに焦点を当て、言葉にしてみよう。

4 的はずれでもいいので、比喩に挑戦してみる

イメージ化の方法のひとつに比喩があります。

「まるで○○のようだ」という○○のところに思いつくものを何でも当てはめていくのです。

最初は適切な比喩が持ってこられないでしょうが、ピントはずれな比喩になってもご愛嬌ということで、何度もチャレンジしてみるのが上達のコツだと思います。

仕事が忙しくていっぱいいっぱいいっぱいの様子を表すとき、

「まだ泳げない子どもがプールの中で立ち泳ぎしているみたいな」
「鉢植えの観葉植物の根っこが植木鉢の中でいっぱいになって、底からあふれている感じ」
「引っ越しのトラックが来たのに、まだ全然荷造りをしていないような」

と、よくわからないような比喩を使っても、何となくイメージは伝わってきます。

こうした比喩がうまかったのは、坂本龍馬です。龍馬はお姉さんの乙女に当てた手紙が有名です。それを読むと、面白い比喩がたくさん出てきます。


「日本を今一度、洗濯してやろう（日本を今一度せんたくいたし申候）」


という言葉は選挙のときどこかの政党が似たようなフレーズを使っていたので、聞いたことがある人もいるかもしれません。

日本をよくしたいというよりは、洗濯したいといったほうがイメージとしては伝わりやすいでしょう。

また世の中を批判して、

「四方は牡蠣殻《かきがら》ばかり。人間はみな牡蠣殻の中に住んでいるのがおかしくてたまらない（ふと四方を見渡たして思ふニ、扨々《さてもさても》世の中と云《いう》ものハかきがら計《ばかり》である。人間と云ものハ世の中のかきがらの中ニすんでおるものであるわい、おかしおかし）」

と書いています。

比喩が適切かどうかはさておいても、龍馬が言いたいことは伝わってきます。当時の人のほかの手紙と比べてみますと、龍馬は圧倒的に「自分の言葉」を持っていたことがわかります。

私の教え子で、すべてをお能にたとえて表現してしまう学生がいました。やはり独特の言葉のセンスや比喩の斬新さが強烈なインパクトを持っていたので、就職の面接でも強さを発揮して、希望通りのところに就職していきました。

こんなふうに自分の得意分野をフル活用して、比喩に変えていくのも、相手に印象を残す気持ちの伝え方になるでしょう。

★自分なりの比喩を使って、イメージを表してみよう。

5 季節感を出して共通基盤をつくる

かつては手紙や正式な文書は、時候の挨拶で始まるのが定番でした。日本人にとっては季節感を出すのがとても大事なことだったのです。

なぜかというと、時候の挨拶をすることで、同じ季節を生きている感覚が共有できるからです。


「まだ肌寒い毎日が続きますが、お体のお加減はいかがですか」

「残暑厳しい折柄、お変わりはありませんか」

「日増しに春めいてまいりました。お変わりなく、ご活躍のこととお喜び申し上げます」

「あわただしい年の瀬ですが、みなさま、お元気にお過ごしでいらっしゃいますでしょうか」

と書けば、天候をみな共有しているので、共感が生まれます。

とくに日本の場合は四季がはっきりしていて、天気の移り変わりも激しいため、誰もが天候を気にする国民性があります。テレビの朝の情報番組を見ていても、2時間半の番組で気象情報を3回も4回もやっています。

もちろん見る人が変わるから何度もやる必要があるのでしょうが、これが毎日快晴のカリフォルニアだったら、こんなに頻繁に天気予報をやらなくてもいいでしょう。

日本だと一日の中でも天気の変化が刻一刻違います。

「今日は暑くなる」「夜は肌寒くなりそうだ」など、天気の話題が欠かせません。天気関連の言葉は形式的だと思うかもしれませんが、いちおうそこで共通基盤をつくることができる便利な言葉です。

天気が共通基盤になることに関しては、哲学者の大森荘蔵《しょうぞう》という人が面白いことを言っています。彼はよく「天地有情《てんちうじょう》」という言葉を使います。情は人間だけのものではなく、天地それ自体にもあるのだ、という考え方です。

うっそうとした森にいる気分は自分ひとりの特有のものではありません。同じ状態にいる人が共通して感じるものです。森自体がうっそうとしているから、心もうっそうとした気分になる。だから人の気分は、風景や天地が前提としてあって、それら自然の一部としてあるにすぎないというわけです。

たしかに青く澄みきった沖縄の海に行けば、もはやうっそうとした森の気分は保てません。天地の情が変われば、気分も変わります。大森さんいわく、個人が心をもっているというよりは、天地の気分が広がって心の感覚とつながっているというわけです。

天地にも情があって、すでに自分はその中に包み込まれているという感覚は、日本人にとっては非常にノーマルです。私たちは季節が変わると、すぐにその季節の感覚になってしまいます。

桜が咲くと「花見だ、花見だ」とそわそわし出し、蒸し暑い夏がくると「暑くて何もする気にならない」と怠けてしまい、秋になると急に頭がさえて、読書を始めたい気分になり、冬になると気持ちがりんと落ち着きます。

そう考えると、時候の挨拶は決して無意味ではありません。

文章の始まり方に悩む人は、

「立春を迎え」

「春爛漫の頃」
「風薫る季節」
「梅雨空のうっとうしい毎日」
「酷暑のみぎり」
「残暑厳しいこのごろ」
「秋晴れの晴天が続く」
「初霜のたよりが」
「木枯らしの冷たさが身に沁みる」

と季節の話題を出しておけば、共有意識のきっかけがつかみやすいでしょう。
ありきたりすぎていやだという人は、自分固有の季節ネタを書いてもいいと思います。
私の場合は、このような表現をよく使います。

「花粉症がようやくおさまってくるので助かります」
「生ビールがいちだんと美味しい季節になりましたね」

「受験シーズンが到来して、多忙な時期に突入しました」
「犬の換毛期を迎えて、わが家は掃除が大変です」

と自分のことを書いて、定番の時候の挨拶のかわりに使っています。

★ 共有意識をもってもらえるように、季節ネタを活用しよう。

〈コラム　時候の挨拶の例〉

1月　新春の候、初春の候、大寒のみぎり、寒さ厳しき折
2月　立春の候、残雪のみぎり、春寒の候、梅花の候、三寒四温の季節となりましたが
3月　早春の候、春暖のみぎり、浅春の候、萌芽の候、桜のつぼみもふくらみ
4月　花冷えの候、春爛漫のみぎり、桜花の候、麗春の候、うららかな春日和
5月　惜春の候、青葉の候、新緑のみぎり、立夏の候、五月晴れの新緑の季節
6月　入梅の候、麦秋のみぎり、初夏の候、小夏の候、長雨の季節ですが
7月　向夏の候、盛夏のみぎり、酷暑の候、大暑の候、厚さ厳しき折

8月　残暑の候、避暑の候、納涼のみぎり、立秋の候、残暑が続いております
9月　初秋の候、白露のみぎり、涼風の候、秋晴の候、灯火親しむこのごろですが
10月　清秋の候、秋涼のみぎり、秋雨の候、夜長の候、秋の夜長に虫の声も
11月　晩秋の候、暮秋のみぎり、霜秋の候、氷雨の候、朝夕冷え込む季節になりました
12月　初冬の候、霜寒のみぎり、初雪の候、師走の候、木枯らしの季節になり

6 めざすは自分のワールドに引き込むこと

書いて気持ちを伝える技術の最終ゴール地点は、相手を自分のワールドに引き込むことです。相手との間でワールドを共有できれば、共感できる速度も比較にならないほど上がります。

宮藤《くどう》官九郎さんの脚本は、ワールドとは何かを教えてくれます。NHKの朝の連続ドラマの『あまちゃん』の脚本は、日本中を「あまちゃん」ワールドにしました。

彼が描く作品にはパロディがあふれていて、その独特な〝クドカン〟ワールドには根強いファンがひきつけられています。かくいう私もクドカンの大ファンです。とくに落語をテーマにした『タイガー&ドラゴン』は、元ネタを知っていればいるほど笑ってしまうので、大好きな作品です。『木更津キャッツアイ』や『うぬぼれ刑事』もたまりません。

クドカンファンになると、クドカンのパターンがわかってきます。そのワールドになじんでくるため、「またあの俳優が出てきたな」「またあの笑いのパターンだ」と逆に安心感が生まれて、すぐにワールドが共有できます。

こんなふうに相手を自分のワールドに引き込むには、自分のワールドを確立しておかなければいけません。ディズニーワールドにはディズニーのルールとキャラクター、言語があります。つまりディズニーのワールドがあって、そこに観客が引き込まれるのです。

上手な作家は最初の10ページでワールドをつくって、読者を引き込んでしまいます。だいたいその分野のプロフェッショナルというのは自分のワールドを持っている人が多いと思います。

お能が得意な学生が、すべてをお能にたとえて、就職試験を突破してしまったのも、お能というワールドに相手を引きずり込んでしまったからです。最高の言葉の力をめざすのであれば、相手を引き込むワールドが持てるよう、自分自身を磨いていくことも大切なのです。

さて、次章からは「相手を引き込むための書く技術」のコツを、シチュエーションごとに具体的にご紹介していきましょう。

★自分の得意な分野を磨いて、自分のワールドをつくろう。

第二章

「お祝い」祝う気持ちを伝えられる人間に成長しよう

お祝いのメッセージは人間修業としてとらえる

人生において「お祝い」の気持ちを伝える場面は意外に多いものです。

よくあるのは、誰かが結婚したり、出産したときです。ほかにも家を新築したり、試験に合格したり、何かの賞をとったり、記念の催しを開くときなど、お祝いのメッセージを書いて伝える場面はさまざまです。

このときやっかいなのは、すべてのお祝いごとに心から喜べるとは限らないことです。たとえば入学や就職はデリケートで、互いにライバル心を持っている人同士だと、内心キリキリしてしまうこともあります。

子どもの受験で、自分の子はその学校に落ちて、相手の子が受かったという場合、その子が受かったから自分の子が落ちたわけではありませんが、わかっていても素直にお祝いを述べるのは難しいでしょう。

あるいは独身の女性が、同僚の結婚や出産を聞いたとき、「だから何?」という気持ちになることもあると思います。

そういうときは、あえてお祝いの言葉を伝えることで、自分の波立つ感情をコントロールする絶好の機会である、ととらえるのがいいのではないでしょうか。

中にはまったく嫉妬心ややっかみを持たずに、純粋にお祝いの気持ちが伝えられる立派な人もいます。そうなるのが理想ですが、人はみな凡人です。嫉妬心を持つなといってても無理でしょう。でも嫉妬心のようなものを少しでも相手に感じさせてしまうと失礼ですし、自分にとっても、心の中に小さな闇を抱えたままにしておくことになるので、よくありません。

相手のお祝いごとを聞いて、心がちょっとざわついたり、ネガティブな感情が出てきたら、それを見つめて、ふーっと深呼吸をして、心を落ち着かせる訓練をしてみましょう。そして心が穏やかになってからお祝いの手紙やメールを書くのもひとつの修行です。

もちろんお祝いの手紙を書かないというのもひとつの方法ですが、いまはお祝いのメッセージを送らないことがメッセージになってしまう時代ですので、人間関係を円滑に進めるためにも、お祝いのメッセージを書くのは人として成長するいい機会だととらえて、心を整えて文面に向かったらいいのではないかと思います。

1 早ければ早いほど、簡単ですむ

お祝いのメッセージを伝える原則は、とにかく早いこと。
早ければ早いほど、簡単ですみます。とりあえず情報を聞いたら、すぐに簡単な文面でメールやカードを送っておきましょう。

「おめでとう！」
「本当によかったですね」
「私もうれしいです」

いま聞いて、すぐ出しました、というそのタイミングが、もう「気持ち」になっています。すぐ出したということで、文面にあまり気をつかわなくていいという大きなメリットがあります。

ところが、これが時間がたってしまうと、文面を長くして、中身も工夫しないとそっけない感じになってしまいます。ますます出しにくくなってしまうという悪循環に陥るでしょう。

私も元来あまり筆まめなほうではないので、お祝いの情報を聞いたのだけれど遅れてしまって、「書かなきゃ」「書かなきゃ」といつまでも引きずっていたあげく、とうとう書かなかった、という最悪の事態を迎えてしまったことがあり、それからは早目を心がけています。

みんながお祝いメッセージをくれたのに、あの人からは来なかった、ということになると、それ自体が「あの人は私のことをよく思っていないのかもしれない」というメッセージになってしまいます。

よけいな憶測を呼ばないためにも、お祝いごとを聞いたらすぐにメールやカードを出す習慣をつけましょう。

外資系企業に勤める知り合いの女性は、会社のデスクの中につねにお祝いのメッセージカードを準備していて、お祝いごとを聞いたら即そのメッセージカードを送るのを習慣にしているそうです。筆無精の人はそれくらいの準備を心がけておけば、タイミングを逸しないですみます。

タイミングについてつけ加えておくと、誕生日祝いのメールを送るのに、その当日だとみんなのお祝いとかぶってしまうので、その日が終わる午後11時59分に送るとか、1日前に送る人もいるそうです。そういう工夫も、効果的なタイミングの選び方といえるでしょう。

★タイミングを見極めてお祝いのメッセージを送ること。

2 自分の話に持っていかない

お祝いごとがあったとき、相手は自分自身の喜びにひたりたいわけですから、お祝いを伝えるほうは自分の話に持っていかないことが大事です。

出産祝いをするのに、「私はなかなか子宝に恵まれなかったので、赤ちゃんが生まれる人がとてもうらやましい。本当によかったですね」などと言われても、言われたほうは手放しで喜んでいいものか、とまどってしまいます。

ましてや、本心ではちょっとやっかんでいるような場合、自分サイドの話を出すと、そのやっかみが伝わらないとも限りません。

「ああ、この人はひがんでいるんだな」とか「素直に喜んでくれないんだ」というにおいを嗅ぎつけるのが得意な人もいますので、あまりくどくどと書かないほうが無難です。

先日テレビ番組で、結婚式の参列者で新婦さん側の女友達の脳を調べると、明らかにテンションが下がっているという研究が紹介されていました。

なかなか結婚できない女性が、結婚できた友人に「本当におめでとう」「よかったね」

「私もうれしい」としつこく書くと、書けば書くほどネガティブな感情をかぎとられてしまうかもしれません。

すべてのお祝いに対して本心から祝えるわけではありませんが、そこはあまり複雑に考えず、型通りでいいと思います。

便利な文例をいくつかあげてみましょう。

「ご結婚おめでとうございます。お2人のご結婚を心から祝福いたします」
「このたびは、元気な男の子をご出産とのこと。本当におめでとうございます」
「合格おめでとう。これまでの努力が実りましたね。お父様、お母様もさぞお喜びのことでしょう」
「新居へのお引っ越し、おめでとうございます。ぜひ一度新居におじゃまさせてくださ い」

とにかくお祝いは相手の喜びを邪魔しなければいいだけのことだから、と割り切って「本当によかったですね」とひと言伝え、自分の話はいっさい出さないほうがいいでしょう。

そのためにも、できるだけ早く、簡単な言葉ですむタイミングでお祝いを書くことが大切なのです。

★ 型通りでいいのでできるだけ早く、簡単に。

3 第三者の意見を文中に引用してほめる

お祝いで難しいのは、何でもかんでもほめたたえればいい、というものではないことです。たとえば入学祝いを書くようなとき、自分がすごく高学歴だったとすると、相手に対して「素晴らしい学校にご入学ですね」と書いても、いやみにとられてしまう危険性があります。それに相手にとっては、第一志望は落ちて第三志望くらいの学校に入ったのかもしれません。

私が勤めている明治大学も、第一志望で入る学生もいれば、早稲田、慶応を落ちて明治に来た学生もいます。どちらかわからないのですから、そういうときは世間で言われているポジティブな評判を、お祝いの文中に引用してほめるのがいいでしょう。

「明治大学は渋谷の女子のアンケートではナンバー1の大学だそうですね」
「あの有名なアナウンサーの安住紳一郎さんの母校ですね」
「私立大学の志願者数トップの人気校ですよね」

というように、「いい評判を聞いています」というような書き方をして、ちょっと盛り上げておくと、その「評判」は自分が言っていることではないので、いやみにもなりません。

子どもの誕生についても

「春生まれの子どもは季節がよくて育てやすいですね」
「夏生まれの赤ちゃんは風邪に強いと言われていますね」

など、季節ごとにポジティブな情報があるので、そういうたわいもない小ネタを文につけてほめておけば間違いありません。

出どころはどこだ？　エビデンスは？　などと目くじらを立てる人もいないでしょう。「そんな話がある」というくらいの軽い感じでも、情報がポジティブであれば、問題ないと思います。

第三者の評判が効果的に使えるのは、新築祝いや引っ越し祝いです。

「噂では大変いい街だそうですね」
「好きな街ランキングに入っていましたね」
「アド街ック天国で取り上げていましたね」

など、文面にポジティブな情報をちょっと加えて、「ぜひうかがいたいものです」としめくくっておけばいいでしょう。

「ぜひうかがいたい」というのは日本人同士なら、必ず行くというふうには取られませんから、「おめでとう」という気持ちを伝える意味で使っても問題ないと思います。

★ 世間で言われているポジティブな評価を引用して、ほめる。

4 お祝いする範囲を決めて、連絡先を管理する

少し前までは、日本人は他人が自分の幸せを喜んでくれることにあまり関心がなかったと思います。

私自身をふり返ってみても、誕生日がきても、「ああ、今日は誕生日だった」と一日の終わりに気がつくくらいで、他人から「おめでとう」とか「今日は誕生日だったね」とお祝いの言葉や手紙をもらうことはほとんどありませんでした。そういう時代は他人が自分をどう思っているかも、それほど気にしないですみました。

でもいまはＬＩＮＥやツイッター、フェイスブックなどＳＮＳが急速に広がった結果、人間関係に対する依存度が高くなってしまい、多くの人に対して薄く、広く依存する関係性になっているのではないかと思います。

四六時中一緒にいる親友や家族のような濃い人間関係とは別に、中間的な薄い人間関係が急速に増えていて、そこに対する気配りやレスポンスが重視される時代になっています。ある意味、人間関係が傷つきやすい間柄になっているともいえるでしょう。

昔気質《かたぎ》の人なら、誕生日くらいで派手にお祝いされるのは苦手かもしれません。ましてやサプライズなどされたら、その反応が面倒くさくて、むしろやらないでほしいと思うくらいではないでしょうか。

でもいまは人間関係の要求のハードルが大変高くなっています。誕生日は覚えているのが大前提であって、さらにそこにサプライズが加わります。リムジンまで借りてきて祝う人もいるそうですから、そこで自分だけ祝ってもらえない人がいると、ものすごく寂しい思いをします。

ですからどの範囲の人にお祝いをしなければいけないのか、人間関係を見極めて、連絡先や誕生日をメモしておくことは大切でしょう。

そしてお祝いの連絡があまり遅くならないうちに、自分のほうからきちんと伝えるのが、いまの時代の人間関係において必要なことだと思います。

★ 誰にお祝いのメッセージを送るか、きちんと見極めておく。

5 文章を少なくしたいならモノを贈る

文章を長く書くのが苦手という人は、花やお祝いの品物を贈って、そこにメッセージカードをつけるのがいいでしょう。メッセージカードならひと言くらいしか書けません。短い文章ですみます。

花などの品物自体が〝お祝い感〟を出すものですから、もらったほうはうれしいでしょう。メッセージカードが添えられていれば、もうそれだけで十分ということになります。

モノを贈るときは、的はずれなものにならないか、と心配になることもありますが、お祝いの場合は、気持ちですので、あまり気にしなくてもいいと思います。贈りたいものを贈っておけばいいのではないでしょうか。

文章を書くのが億劫なときは、モノを贈ってお祝いの気持ちを伝える、という選択肢もあることを覚えておいてください。

★ プレゼントに、短いメッセージカードを添えよう。

6 最後の一文を決めておくと書きやすい

お祝いの文章にかぎったことではありませんが、人に伝える文章にはおおよそ定型の形があります。冒頭の一文があって、最後の一文がある。その定型さえ覚えておけば、だいたいのものは何とかなります。

お祝いの文章の場合は、最初に「おめでとうございます」というお祝いの言葉を持ってきて、最後は「お祝いの品をご笑納ください」とか「取り急ぎ、お祝いまで」とか「末永い幸せをお祈りいたします」など、定型の文章を入れておけば、間違いないでしょう。

とくに最後の一、二文が決まっていると、文章は格段に書きやすくなります。エッセイでも最後の一文や二文だけ決めて書き始めると、けっこう書き進めるものです。要するにゴールに向かって書くイメージです。

最初にいい文章を持っていく方法もありますが、私の場合は最後に一番いい文章を考えておいたほうが落ち着きます。「ここに話を持っていけばいいんだな」と方向性が見えるので、安心して書いていけるのです。

でも何も決めずに書き始めると、どうやって着地すればいいのだろうと不安になり、話が右往左往してしまって、大変疲れます。書き手が疲れる文章は、読むほうも疲れるもの。労多くして、実りの少ない効率の悪い文章になってしまいます。

これではせっかくの気持ちが伝わりません。左に冒頭と文末の一文、二文について例文をあげておきました。これらを参照して、最初と最後を決め、あとは真ん中を工夫しましょう。間違いのないお祝い文になります。

★ゴールに向かって書くと書きやすい。

〈コラム　お礼文の定型〉

冒頭の例

・ご出産、おめでとうございます。

・このたびはご結婚がお決まりになったとのこと、謹んでお祝い申し上げます。

・拝啓　立秋のみぎり、ご尊家ご一同様におかれましては、ますますご壮健のこととお喜び申し上げます。このたびはご息女様にめでたくご長男が誕生されたとのこと、心よりお祝い申し上げます。

文末の例

・お2人の末永い幸せをお祈りいたします。
・まずは取り急ぎお祝いまで。
・心ばかりの品を送らせていただきました。ご笑納いただけたら幸いです。
・まずは書中にて、お祝い申し上げます。

7 「緑色の目のモンスター」を殺せ！

相手のことを祝ってあげなければいけないのに、どうしてもネガティブな感情がわいてきてしまうことがあります。嫉妬心や羨望がその代表です。福澤諭吉も『学問のすゝめ』の中で、いろいろな悪徳があるけれど、嫉妬心が一番いけないと書いています。ニーチェも『ツァラトゥストラはかく語りき』の中で人をひがんだり、引きずりおろすのは小さい人間がやることだと言っています。

そしてこの嫉妬や羨望という感情が人間のネガティブな感情の中でも、もっとも精神を弱らせるものだそうです。先日ＮＨＫの『病の起源』シリーズでやっていたのですが、アフリカに住むある狩猟民族にはうつ病がありません。なぜならその部族は獲った獲物を部族全員が均等に分けるからです。

人の間に格差があると、どうしても嫉妬や羨望が生まれて、気分をうつにさせていくのだそうです。うつ病の原因の一つは嫉妬心や羨望なのです。格差社会の現代に生きる私たちはつねにうつ病のリスクと戦って生きなければならないのかもしれません。

とにかくお祝いしなければいけないのに、嫉妬心やうらやむ気持ちがあると、心の底から祝ってあげられないので、どうしても人間の小ささが出てしまいます。

そういうときは一度踏みとどまって、自分の中の嫉妬というモンスターをやっつけてから文章を書くことが大事です。

シェークスピアは『オセロ』の中で、嫉妬のことを「緑色の目をしたモンスター」と表現しています。その怪物を黙らせてから文章を書かないと、ちょっとした言葉じりにいやみが出てしまったり、ひがみっぽい文章になってしまいます。

お祝いは相手にとってスペシャルなことですから、それに水をさすようなことを書くと「いやな人だな」と一生うらまれます。

多少複雑な気持ちがあっても、文章を書くときは、一度気持ちをリセットして、フラットな精神状態にしてから書き出すようにしましょう。

★ 嫉妬心など余計な感情は出さないように!

第三章

「お詫び」相手の心の負担を軽くするのが目的

タイミングが大切——事態がわかった時点で即対応

本章では、お詫びを文面で伝えるときのコツをご紹介します。

その前に、まずは「お詫び」に対する心構えについてお話ししたいと思います。

お詫びはそのことがわかった時点で、とにかく早く、というのが鉄則です。みなさんも、遅刻をしてからではなく、遅刻がわかった時点でメールや電話を入れると被害が少なくてすんだという経験をしたことがあるのではないでしょうか。

というのもお詫びの目的は、相手の心のエネルギーの負担を少なくする点にあるからです。

「あの人は来るのだろうか、来ないのだろうか」とやきもきする時間をできるだけ少なくする。早く連絡を入れれば、「今日は遅れるんだな」とわかるので、待っている人が疲れなくてすみます。

そんなときには、電話、または次のような文章で伝えるのは効果的です。しかも、早いタイミングなら、文面は短くてすみます。

約束の時間に10分遅れます。すみません。

このような短いメッセージを送っておくだけでも、十分です。これだけの文章で相手の心の負担が格段に減るのですから、たったひと言、伝えるか伝えないかは大きな差になります。

かなり深刻なお詫びで、菓子折りを持って相手のところに出向かなければいけないような場合でも、事前にメールや電話を入れておくと、感情的に波立っている相手の心をそれ以上エスカレートさせずにすみます。

「今からすぐご挨拶にうかがいます」というひと言をメールで打つだけでも、お詫びの挨拶なのだということがわかりますし、謝罪の真剣さが伝わります。

相手から「来なくていい」と言われたときでも、場合によってはちょっと顔を出したほうがいいことがあります。ひと言「申しわけありませんでした」と伝えるか、メモを置いていけば、あとあとの関係性維持にプラスになるでしょう。

お詫びの目的は、「悪いことをしてしまった」という自分の気持ちをおさめるためではなく、あくまで相手の心の負担を軽くすることにあるのですから、どうやったら「自分の気がすむか」ではなく、どうやったら「相手の心がやすらかになるのか」を考えて行動すべきです。

1 責任者自身の名前で謝る

お詫びをメールまたは手紙などを用いて文面で送る際、心がけなくてはならないのは、責任者の名前で直接お詫びを伝えることです。会うなどしてじかに相手に謝るにこしたことはないのですが、どうしてもそれができないときは、責任者自身がすぐにメールをして「本当に申しわけありませんでした」と伝えるべきです。

でも世の中には、責任者が責任を感じていないケースが往々にして見られます。

これは人から聞いた話ですが、あるときその人がゲスト出演しているテレビ番組の生放送中にトラブルが起き、そのゲストに大きな迷惑がかかる事態が発生したそうです。番組が終わったあと、当然その人に謝罪があると思ったのですが、責任者であるディレクターやプロデューサーがまったく何もしませんでした。

たしかに直接ミスをしたのは現場の人間でしたが、そうだとしてもその場を取り仕切る責任者はディレクターやプロデューサーなのですから、責任者が代表してミスを詫びるべきでしょう。

本来ならその日中にお詫びがあってもいいと思って待っていたそうですが、結局、何もなかったと言っていました。その人は「この責任者は責任をまったく感じていないのだな」と思ってしまい、その後、もうそのディレクターやプロデューサーを信頼しようとは思わなくなったと怒っていました。

私が見ている範囲でも、自分の責任を感じられない人はけっこういます。そういう人は事態をコントロールできないことが多いように思います。

「この人は自分の責任が取れない人だ」「事態のコントロールができない人だ」という評価が下されてしまうと、もう一緒に仕事をしようと思わないので、社会的にも不利になってしまいます。

ミスはなるべくしたくないものですし、お詫びをする事態もさけたいもの。

でもそれは、ミスが起きたとき責任を逃れるのとは違います。

ミスが起きてしまったときは、潔くミスを認め、責任者自身の名前でお詫びの文書を出してただちにフォローする。この初動の速さが大切なのです。

ついでに言っておきますと、謝る相手を間違えてはいけません。

Aという人とBという人の2人に謝らなければいけないのに、Aにだけメールをして、

Bにはしなかったということですと、あとで大変なことになります。注意しましょう。

★潔くミスを認め、責任者がきちんと謝罪をする。

2 いいわけではなく、事情説明をきちんと行う

お詫びの文面をつくるときは、しっかりした事情説明を入れることが必要です。弁解がましい感情を排除して、なぜそうなってしまったのか、事情を客観的に率直に説明するのです。「そういう理由だったのか」と事情がわかれば、怒りの気持ちが氷解することがあります。

ある番組でこんな実験をやっていました。列に横入りをするとき、黙って入ると、並んでいる人の怒りを買います。でも「すみません。病院に行かなければいけないので」とか「面接試験に遅れそうなので」とひと言事情を説明すると、「どうぞ、どうぞ」とスムーズに列に入れてもらえるというのです。

同様に、お詫びをする場合も事情説明を上手にするのが大事です。たとえば

曜日を勘違いしていて、明日だと思っていました。本当に申しわけありません。

Aの部署とBの部署の間でネット回線に不都合が生じメールが送られていなかったため、情報が伝わっていませんでした。まことに申しわけありません。

このようなメッセージを、取り急ぎメールなどで伝えます。

勘違いが理由のミスは、事情説明としては比較的書きやすいのではないでしょうか。

絶対にやってはいけないのは、嘘の理由を書くことです。嘘をついても大人同士だとなかなか通用しません。いまの時代は隠蔽するとかえって不信感を持たれてしまいます。

ましてや謝り方が素直でなかったり、弁解がましい感情を並べ立てると、お詫びのメールや手紙が、もう一度怒りに火をつける燃料になってしまわないともかぎりません。

これは文章の例ではありませんが、何らかの不始末の記者会見を見ていても、1回目、2回目、3回目とだんだんに謝っていく人がいます。1回目は嘘に近いことやいいわけを並べ立て、謝らずにすまそうとするのですが、それでは通用しなくて、2回目、3回目と重ねていくうちにどんどん火に油を注いでしまいます。

最初から素直にきちんと謝っていれば、ここまでならなかったのになあ、と思ってしまいます。

謝り方を間違えると、大変なことになってしまうので、注意したいものです。

★嘘やいいわけは、かえって事態を悪化させる。

3 相手の感情を刺激しない

相手が感情的にいらだっているときは、相手の感情を刺激するような書き方をしてはいけません。よくあるのが、お客さん対応です。

こちらが悪いのではなく、お客さんのほうの勘違いであっても、立場上、こちらが下手に出なければならない場合があります。

そんなとき「これはお客さまの勘違いです」と相手に非があると書いてしまうと激高する人がいます。相手が怒っているときは、「ちょっとした行き違いで」と書いただけでも反応してしまう人がいないわけではないので、そのあたりの表現には細心の注意が必要です。

あくまで扱っているのは感情なのだ、という自覚が必要でしょう。

企業やお店の場合は、こちらが一方的に非を認めるのも難しいところがあります。そういうときは個人で対応するのではなく、組織として対応するのがいいでしょう。

企業には、完全にこちらの非を認めるのではなく、相手を責めるわけでもないという文面のフォーマットが用意されているはずですから、そういったものを使うようにしましょう。

ただし、6で詳しく説明しますが、必ずひとつ具体的な反省を入れるようにしましょう。

★まずは相手の怒りの感情を鎮めることに全力をあげること。

4 反省の気持ちを伝える「くり返し」の技

お詫びの文章を書く時に、重視されるのは、反省していることをきちんと伝えることです。起きてしまったことはもう取り返しがつかないので、あとは当事者に「申しわけない」という反省の気持ちがあるかどうかで、相手の受け止め方も変わってくるからです。

大学にいると、学生がらみの不祥事もときどきあって、学生自身が反省文を書くことがあります。私たち教員はその反省文を会議で回覧しながら、本当に反省しているのか、どうかを判定して処分を決定します。

心から反省している場合は、「本当に申しわけありませんでした」という文章が何回も出てきます。わき出るように何回も「本当に申しわけありません」とか「言葉もありません」という文章がくり返されると、気持ちが伝わってきます。

でもあまり反省していない文章はコピペしてきたかのような、とおりいっぺんの言葉が並んでいるだけで、「本当に申しわけありません」のくり返しはありません。

このように、反省の気持ちをくり返すのは、お詫びの文章のひとつのやり方だと思います。最初に「申しわけありませんでした」と書き、途中でまた「申しわけありません」と入れ、さらに最後に「申しわけありませんでした」とくり返す。

文章としてはしつこくなっても、大切なのはお詫びの気持ちを伝えることですから、何度でもくり返していいのです。文面はある意味感情を読み取るためのツールとして使われるのだということを、忘れてはいけません。

そしてどうしてこのような間違いが起きてしまったのかを、きちんと省察できていることも書き添えておくといいでしょう。自分の考え違いや勘違いからこういうことが起きてしまったと客観的に見つめている文章だと、「この人はちゃんと反省しているな」と伝わりやすいと思います。これが欧米の場合だと、こちらが非を認めると、訴訟になってしまうケースがあります。でも日本人だとわりに素直に非を認めてしまったほうが、感情がおさまってこじれないことが多いのです。

「ひと言謝ってくれればよかったのに」と言われないためにも、くり返し謝っておくのは、決して自分を不利にするものではないのだと、覚えておきましょう。

★謝罪の言葉を、何度もくり返す。

5 自分がやったことの影響を理解し、対策を明示する

何か不始末をしてしまったとき、どことどこにどんな迷惑がかかったのか、具体的に影響を理解しているかも重要です。影響の甚大さがきちんと把握できていれば、それをお詫びの文面に盛り込むことで、反省している感じが伝わってきます。

しかしお詫びの文章を書いても、自分がしたことの影響がわかっていない場合は、言葉が上滑りしてしまいます。私は教員になる学生のための教育実習を担当しているのですが、毎年、就職試験とのかねあいで、突然教育実習を取りやめたいという学生が出てきます。

そうならないように、事前に口を酸っぱくして、教育実習と就職活動のスケジュールを調整するよう指導しているのですが、それでも直前になって「実習ができない」と言い出す学生が出てくるのです。

実習生を受け入れる学校はそのための準備をしています。ですから直前になってドタキャンされると大変な迷惑をこうむります。最悪の場合、翌年から明治大学からは教育実習生を受け入れないと言い出すかもしれません。つまりドタキャンする学生の行動が翌年、

5年先、10年先の後輩たちにまで影響を与えてしまうことになるのです。「君がやろうとしていることはそれくらい大変なことなのだよ」ということがわかっているのかどうか、です。

その影響について理解し、わかっていれば、「本当に申しわけありませんでした」という気持ちがわいてくるので、お詫びの文章も変わってくるでしょう。

影響が把握できたら、「どうしたらいいのか」「いまできることは何か」「自分はこうしようと思います」という対応についても、誠意ある考えが提示できます。

自分が何をしてしまったのか、影響が理解できて、具体的にこういうことをしようという提案までできれば、お詫びとしての骨格ができていることになります。

何かを壊してしまったのなら、弁償する意思を伝えるとか、代替案がないときはせめて「お詫びのあいさつにうかがいたい」などと書き添えるわけです。

どんな考え違いからこういうことが起きてしまったのか、どうすればよかったのかを明らかにして、省みている文章であれば、「ここまで考えたんだな」ということが伝わってきて、被害をこうむった方の怒りも、少しはおさまるというものです。

★ 起こったことに対して、具体的な提案をする。

お詫びの文面の基本構成

謝罪の言葉を盛り込みつつ、以下のポイントを入れる。

【事情説明】なぜこのようなことが起こったか

【影響把握】大変なことを起こしたという認識

【提　　案】いまできることは何か

6 定型文を使うときは、必ず具体的な反省を入れる

大学にいると、学生からいろいろな形でお詫びの文章を受け取るケースがよくあります。

そういうとき、「この文章は完全に定型文だな」とわかることがけっこうあります。お詫びと銘打っているのに、今回の一件について具体的な言葉がひと言もないのです。

そういうメールや手紙が来ると、「これはほかのことにも使い回ししている文章だな」と感じてしまい、受け取った瞬間に、「絶対悪いと思っていないな」と判断してしまうわけです。

そこはやはりお詫びですから、今回の一件に関する具体的な反省がほしいわけです。

そこで、必ず具体的な反省の言葉を入れるようにしましょう。

お詫びの定型文を貼り付けておけばいいだろうという発想は、基本的によくありません。

企業の場合なら「時下ますますご盛栄のこととお喜び申し上げます」とか「平素より格別のご厚情を賜り、厚く御礼申し上げます」という型通りの文面から始まったとしても、そのあとには「今回の請求書紛失の件で」とか「営業部の○○のミスにより」など具体的

なお詫びの内容と経緯を説明し、具体的な反省を示す必要があります。そうでなければ、相手はお詫びと受け取らないでしょう。

★ 定型文＋経緯の説明＋具体的な反省、の三段構えで。

【謝罪の定型文の例】

拝啓 平素は格別のご厚情を賜り、厚く御礼申し上げます。

このたびはお客様に対し、弊社担当者の対応におきまして連絡の不行き届きがあり、お客様にご迷惑をおかけいたしましたこと、心より謹んでお詫び申し上げます。

社内の連絡等に関しては弊社も日頃より力を傾けておりましたが、今回〇〇様のご指摘を受け、さらに社内体制の強化を徹底する必要性を痛感しております。

今後このようなご迷惑をおかけすることのないよう、社員一同、サービスの向上に誠心誠意、努力してまいりたいと思っております。

今後ともご愛顧を賜りますよう、何卒、お願い申し上げます。

【定型文に、具体的な反省の言葉を盛り込んだ例】

拝啓 平素は格別のお引き立てを賜り、誠にありがとうございます。

このたびはお客様に対し、ハンディ掃除機ＬＰ１００型の入荷に関する情報をお伝えする際に行き違いがあり、大変不快な思いをおかけしてしまいましたことを心より謹んでお詫び申し上げます。またその際、弊社担当者の対応におきましてご無礼がありましたこと、重ねてお詫び申し上げます。

社員教育に関しては弊社も日頃より力を傾けておりましたが、今後は○○様のご指摘を受け、さらに社員への接客指導を徹底する必要性を痛感しております。

今後このようなご迷惑をおかけすることのないよう、社員一同、サービスの向上に誠心誠意、努力してまいりたいと思っております。

今後ともご愛顧を賜りますよう、何卒、お願い申し上げます。

7 お詫び状を出して、距離感を縮めるチャンスに変える

お詫びというのは、上手にやれば、逆に人間関係を深めるきっかけにもなるのですから、詫び状を書くのはチャンスととらえるくらいの積極性があってもいいと思います。

やってしまったことはしかたないので、これからはこうしますとか、ちょっとした品を送りますとか、こういう便宜をはかります、といった何かしらの心くばりがついてくると、ぐっと距離が縮まる可能性があります。

心くばりの例でいうと、これは手紙ではありませんが、先日、近くのレストランに行ってこんなことがありました。昼時でとても混んでいて、頼んだものがなかなか出てこなかったのです。

もう食べる時間もなくなってしまって、お店を出なければならないというときに、シェフが出てきて「こんなものではお腹のたしにならないかもしれませんが、本当に申しわけありませんでした」とクッキーを持たせてくれたのです。

ものすごく申しわけなく思っているという気持ちが伝わってきて、好感が持てました。

その店にもう二度と行かなくなるのか、ミスはあったけれどまた行きたいと思うのか。お詫びのしかたでこちらの対応も、正反対にわかれてしまいます。

ちょっとしたことですが、お詫びをするときは相手への心くばりを示して、気持ちを伝えることが非常に重要だと思います。

★ピンチをチャンスに変える絶好のチャンスがお詫び状。

第四章

「断る」自分も相手も傷つけないことが大切

あなたがいやなのではない、というニュアンスを伝える

誰かから誘われたり、頼みごとをされて断りの文章を書くとき、基本は相手を傷つけない断り方をするのが大人の態度です。断るときは理由を述べるわけですが、何でもかんでも本当のことを書けばいいというものではありません。相手の気持ちを考えて、プライドが傷つかないような理由を用意すべきです。

たとえば会合に誘われて断るときは

「どうしても抜けられない用事が入っておりまして」
「日程の問題で厳しいかと存じます」

といった理由が無難です。そこで長々と本心を書いてしまっても意味がないですし、かえって面倒くさいことになってしまいます。

嘘も方便と言いますが、この場合は相手を傷つけない、というのが一番の目的ですので、それに添う理由を考えるのがいいでしょう。「決してあなたがいやなのではない」「あなたの頼み事がいやなのではない」というニュアンスが伝わるように、先約やスケジュールなどほかのものを理由にしたり、ときには

「私にはもったいなさすぎるお誘いで、私などとてもその器ではありません」

と自分自身を悪者にして、断られる相手のプライドを守ってあげましょう。

1 相手を思うなら意思表示をはっきりさせる

欧米人に比べて日本人は断る文面を書くのが苦手です。はっきり断ってしまうと角が立つと思って、曖昧な返事をしがちです。その曖昧さがかえって相手を傷つけていることが多いのです。

選択肢は断るか、断らないのか、2つに1つしかないわけで、その真ん中というのはありません。よく同窓会や会合の返信でも、本当は行く気がないのに、「行けたら行けます」とどっちつかずの返信をする人がたくさんいます。そして結果的に5割くらいが来ないことがあります。

その結果、予算が合わなくて、参加した人たちがたくさんお金を払わなければならないことになってしまいます。最初から行かないつもりなら、「行けたら行きます」という曖昧な返信はすべきではありません。

また行けるか行けないかわからないときは、基本「欠席」に○をしておいて、「もし予定が調整できた場合はご連絡します」ぐらいに書き添えておくと、わりと融通がつきます。

出席のはずが来ないというのが一番迷惑しますから、よくわからないときは、基本は「欠席」としておくのがいいでしょう。

その場合、ここまで来たら予定がわかるという日にちを区切っておくのが礼儀です。「来週の月曜日には予定がはっきりします。そのときにもう一度ご返事をいたします」と書いておけば、相手も予定が立ちます。

いまの自分の状況と、いつの時点になればわかるのか、目処を知らせておいて、しかしながら「基本は難しいと思います」と「欠席」にしておくのが大人のマナーだと思います。

★断ると決めているときは、曖昧な返事をいつまでも保留しない。

2 ドタキャンはダメージが大きいと心得るべし

私が学生だった頃は、まだ携帯電話がなかったので、ドタキャンという観念がありませんでした。病気で熱が出た友人に「はってでも出てこい」と平気で電話をしていた記憶があります。

でもいまは携帯電話があるので、直前でも「今日はちょっと無理になった」と断りやすくなっています。ドタキャンする人も多くなって、中には「出席」と返事をしておいて、直前になって電話でドタキャンしたほうがダメージが少ないと勘違いしている人もいるくらいです。

しかしそれは大きな間違いだと声を大にして言っておきましょう。相手は来るものとして用意をしています。それなのにドタキャンされるとすべての予定が狂ってしまいます。たとえば3人の集まりだったのに、1人がドタキャンしてしまったら2人になってしまいます。3人だから集まったのに、2人になると「えー、どうする?」ということになって残された2人はしらけてしまいます。

人数が少なければ少ないほど、早めに断りのメールや手紙を送ったほうがいいでしょう。いずれにしてもドタキャンはたいへん失礼なことだと認識し、知らせるならできるだけ早く。そこはきちんとルールを守るべきです。

ドタキャンする人はわりとくり返すことが多くて、仲間たちから「またか」と思われています。信用をなくさないためにも、行けないときは早めに連絡し、よくわからないときは基本は行けない、と書いておくのが、迷惑がかからないやり方です。

★ キャンセルするときは、はやめに連絡を。

3 断るのが苦手な人はすべて「日程」のせいにする

断る文章を書くのが精神的にものすごく疲れるという人もいます。そういう人は断るときのパターンを決めておいて、すべて「日程」のせいにするといいでしょう。知り合いの女性でも、全部「予定が入っていて」と「日程」を理由に断る人がいます。

メールで「今週、食事でもどうですか？」と誘われると、「今週はもういっぱいなんです」と断りの返信をします。「じゃあ来週は？」「いっぱいなんです」「では来月は？」「それもいっぱいなんです」とずっと断り続けると、丸々1カ月忙しい人などいないので、相手は「食事に行く気がないんだな」と察することができます。

「まことに申しわけありませんが、予定が入っておりまして、今回は欠席とさせていただきたく存じます」
「あいにく先約が入っておりまして、その日はどうしてもうかがうことができません。申しわけありません」

という断り方は、断りの文面としては一番無難です。先に入っている予定を動かすのがルール違反になるのは、社会の常識ですから、相手も納得しやすいでしょう。

「本当に予定が入っているのですか？」と確認してくる人はいないので、「日程」を理由にして書いておけば、たとえ嘘であっても、ばれる心配はありません。

★「予定が入っている」は、使い勝手のいい断り方。

4 自分の〝つきあい体力〟にあわせて頻度を調整する

そもそも断り状を書く以前の問題として、自分はどれくらいつきあえるのか、自分の状態を知っておくことも大切です。

世の中には誘いのほとんどを断らない〝猛者《もさ》〟がいます。私の友人でも会社の役員クラスになりますと、ほとんど毎日が会合の連続です。接待の飲食はもちろんのこと、誕生会やホームパーティ、ゴルフなど、休日もつぶして、すべての会合や集まりに「出席」の返事をして参加しています。

また知り合いの漫画家さんは、ものすごく忙しい方ですが、どんな飲み会も断らない主義です。「いったいどうやって仕事をやりくりしているんだろう」と驚いてしまいます。

これは社交「体力」というか〝つきあい体力〟が並外れてある人たちだと思います。1日にどれだけたくさんの人と会っても疲れないし、断りの文章を書く必要もないある意味うらやましい人たちです。

私も社交力がないわけではありませんが、社交「体力」のほうになると、ちょっと自信がありません。

社交の大切さを強調したのは福澤諭吉です。「ソサイアティ」はいまは「社会」と訳されていますが、福澤諭吉は社会というより、どちらかというと社交や交際のような意味で使っていました。そういう交際を上手にやっていくことで人間力が養われるし、人間関係を円滑にすることにもつながります。

ですからある程度のつきあいは大切です。でもその場合でも自分の社交「体力」と相談するべきです。週2、3回顔を出すと疲れてしまって仕事に影響が出てしまう人なら、週1回にとどめるとか、この会合なら3回に1回参加すればいいといった判断をするのがいいでしょう。

とくに義理で参加しなければならないものは、ものすごく疲れることがあるので、どの程度の義理か考えて、出欠を考えるべきです。毎回参加しなくても、3回に1回とか、5回に1回顔を出せば人間関係がつなげるだろう、という判断をしながら、不義理にならない程度の断り方をしていくといいでしょう。

ちなみに、相手から気持ちをこめて強く誘ってもらった場合は、本当は行きたくないときでも、1度は行ってみると決めておくといいと思います。あまり断り続けていると人間関係が狭くなってしまいますから、「ぜひ」と強く誘われたら1度は行ってみる。それで十分だったら2度目からは断ればいいし、1度目がよければ、2度目も参加すればいいでしょう。

★ 自分の社交「体力」に応じたつきあいを。

5 3度に1度は行く〝ワルツ方式〟で

毎回、断るかどうかを決めるのは精神的な負担が大きいという人は、3度に1度は行く、とルールを決めておくのもいいと思います。これを私は〝ワルツ方式〟と呼んでいます。ズン・チャッチャ♪ズン・チャッチャ♪ズン・チャッチャ♪というワルツのリズムで、1回出たら2回休む。この3拍子で、3回に1回は顔を出していると、同窓会のような集まりでも、プライベートの集まりなら、何十年と顔つなぎができます。

3回に2回は行って、1回は休むというペースならば、ほぼ確実に人間関係をキープできます。

集まりに出るかどうかは〝つきあい体力〟にも左右されるので、人によって個人差が大きくなります。体力がなくて心身がきつければ、必要以上に申しわけないと思わずに、「どうしても行けません」「ちょっと仕事の手が離せなくて」ときちんと断ればいいでしょう。

自分が気にするほどには相手は気にしていないことが多いものです。

なお、「こんなお誘いはどうですか?」とちょっとハイレベルな集まりに誘われることがあります。そんなとき、「私にはとても無理です」と「欠席」の返信をしてしまう人がいますが、そういう人はそれ以上容量が大きくなりません。

若い時には、集まりに顔を出して人脈を広げるのも大切です。そこでの出会いが人生を好転させてくれることがあります。

私の経験でも三十代のはじめに、飲み会に参加したところ、そこで明治大学の教員公募があることを教えてもらい、現在の職につながっています。

仕事でもそうですが、自分にはちょっと無理という仕事でも、来た球は打つという姿勢でいたほうが、自分の限界を突破していけます。引き受けた結果、もし失敗しても、自分を選んだ人が悪いんだというぐらいの気持ちで鷹揚にかまえていると、意外にできてしまうものです。

自分にできそうもないものは断るのがふつうですが、そこは誘われたのが何かの縁と考えて、チャレンジしていくのがいいと思います。

★ すぐ断る前に、「誘われたのも縁」と考えてみる。

6 交際の申し込みを断るときは、含みを持たせない

縁談や交際を申し込まれて断るときは、相手を傷つけないよう細心の注意を払わなければいけません。本当は相手のことが気に入らないから断るのですが、そのように書いてしまうと相手の立場がなくなってしまいます。

決して相手が悪いのではない、というニュアンスを伝えるには、

「いまは仕事にせいいっぱいで、そのような心の余裕がありません」
「勉強に集中したいので、交際や結婚について考えられません」

など仕事や勉強のせいにするのが角が立たないでしょう。

いくら忙しくても、おつきあいができないということはないので、大人が読めば、「これはつきあう気がないんだな」とわかります。

それに「仕事にせいいっぱいで心の余裕がありません」と理由が書かれていれば、相手

は、「そういう理由だったんだ」と自分を納得させられます。

さらに「そんなことでいっぱいいっぱいになるなんて、心の小さな人間だったんだな。自分が交際する価値がなかったんだ」とあきらめるきっかけにもなるかもしれません。

とにかく相手のプライドを傷つけないような断り方が重要なので、「もう絶対に話しかけないでください」「あなたとはおつきあいする気はありません」というような強い拒絶の文面はさけたほうがいいでしょう。

かといって、希望をにおわせる含みを持たせた断り方も要注意です。

「もう少し環境が整いましたら」「身辺が落ち着きましたら」などと書けば、「では環境が整えばいいのか」とか「ここを変えればいいのか」と勘違いされてしまいます。

100%つきあう気がないのなら、そこははっきりわかるように書くべきです。

「いつも優しくしていただいて、心強く思っています」「これからもよろしくお願いします」などと社交儀礼で書いてしまうと、断ったつもりなのに、まだ希望があると思ってしまう人がいないとも限りません。

「おつきあいについては考えることができません。申しわけありません」

という一文はどこかに入れておいたほうがいいでしょう。

100%断る理由として、すでに自分に好きな人がいる場合があります。

「いまおつきあいをしている人がいます」

と書いてしまうと、とどめを刺す感じになって、断る理由としては鉄板です。

ただ、そうした〝個人情報〟を開示していいのか、という問題があります。断られたほうが腹いせで、悪意がある噂話を広めないとも限りません。まずは仕事を理由にした当り障りのない断り方をして、相手の出方を見てからでもいいでしょう。

では男女交際には進みたくないが、友達や同僚の関係は続けたいという場合はどうしたらいいのでしょうか。その場合は正直に「会社の仲間として」とか「よき先輩として」とか「友人として」、これからもいままで通りのおつきあいをしていきたいと書くのがいいと思います。

この範囲でこういうふうにつきあいます、という自分の姿勢をはっきり示して、毅然たる態度で書いておけば、相手もそれ以上踏み込みにくいのではないでしょうか。

★角を立てない断り文句で、かつ文面に希望をにおわせる含みはもたせない。

第五章

「恋文」思いのたけを文章で伝える技

恋文を書くという青春を楽しんでみる

恋文は日本ではかなり伝統があるものです。昔は和歌を添えて恋文を送るのが定番でした。和歌というのは五七五七七で表すのですが、これぞまさしく日本人の魂がほとばしり出る日本人の体感に合ったリズムといえましょう。

歌人与謝野晶子の『みだれ髪』には晶子が与謝野鉄幹に寄せた恋心が満載の恋歌ばかりが集められています。

やは肌のあつき血汐にふれも見で
　さびしからずや　道を説く君

くろ髪の千すぢの髪のみだれ髪
　かつおもひみだれ　おもひみだるる

万葉集には、恋人との別れのつらさを歌っている女性の歌があります。「君が行く道を焼いてしまう天の火がほしい」という強い恋心です。

君が行く道の長手《ながて》を繰《く》り畳《たた》ね
焼き滅《ほろ》ぼさむ天の火もかも

切実な思いを伝えようとすればするほど、五七五七七のリズム以外に日本人の恋心を凝縮していくものはないのではないか、と思ってしまいます。

いまの人が五七五七七で思いを伝えるわけにはいかないと思いますが、直接言葉で告白する以外にも、文章で思いを伝えるという日本古来の伝統芸を恋文に関してはやってみてもいいのではないでしょうか。

というのも、人生の後半戦に入ってくると、恋文を書くような機会がほぼなくなってしまうからです。恋文を書くということ自体が「まだ青春」という感じがしますので、自分の中の人生のイベントとして楽しんでみるのもいいでしょう。

恋文を書くと恥ずかしい証拠があとあとまで残ってしまう心配もありますが、それも含めて青春の記憶ということで、思い出づくりにトライしてみてはいかがでしょう。

1 距離感を考えて、重くなりすぎないように

恋愛には段階があります。まったく知らない関係から顔見知りになって、そこから友達関係になり、好きだという気持ちが芽生えて、本当に好きになるという段階を踏んでお互いの距離が縮まっていきます。

相手がまだ自分のことをよく知らない段階なのに、いきなり「おつきあいしてください」と書き送っても、相手はとまどうだけです。相手が女性なら恐怖感を抱いてしまうかもしれません。ましてや、「あなたに断られたら、私は生きていく望みがありません」などと書いてしまうと、あまりに重すぎて「ストーカーか」と引いてしまいます。

ですから自分と相手との距離がどの段階にあるのかをよく考えて、思いを伝える必要があります。もてない人の特徴として、その距離感がつかめない点があげられます。ほとんど話したこともないのに、いきなり「男女としてつきあいたい」と書いてこられても、その唐突感が不気味です。

営業でも、最初はドアをノックしたり、チャイムを鳴らしてドアをあけてもらうところ

からスタートします。恋文にも段階があるので、その段階を踏まえて、最初はライトにドアをノックする程度に思いを伝えるのがいいと思います。

初めに

「おつきあいをしている方はいらっしゃいますでしょうか？」

とちょっと書いてみるのは、ノックしている感があって、それほど唐突でもないと思います。

もちろん自分が好意を持っているということは書いてもいいのですが、「最初は友だちとして」というところを強調して、「気軽にお茶でも飲みませんか」と、相手の負担にならないような書き方がいいでしょう。

とくに相手が同じ職場や学校の人間の場合、断られたとき関係が気まずくなってしまうのは避けなければなりません。あくまで軽い感じで交際を打診し、断られたときを想定して、

「いままで通り先輩後輩として変わらぬおつきあいをお願いできればうれしいです」

などと一文つけ加えておくのがいいと思います。

★ 恋愛の段階を踏まえた書き方を心がける。

2 交渉の基本は相手にとっての「利益」を示すこと

交渉事の原則は「利益」「オプション（選択肢）」「BATNA《バトナ》（決裂したさいの別の選択肢）」の3つといわれます。恋文も恋愛という交渉の一手段ですから、交渉事の3原則は頭に入れておいたほうがいいでしょう。

まず一番目の「利益」ですが、どんな交渉も相手にとってのプラスアルファ、すなわちどんな利益があるのかが示せなければ話にもなりません。恋文に書く文章も相手にとっての利益を示すのが基本です。

相手に気がない場合、自分と一緒にいる意味も義務もありません。それなのに、わざわざ時間を使って会うわけですから、相手にとって何かしらのメリットがないと誘いに応じる気にはならないわけです。

わかりやすくプレゼントをしてもいいのですが、最初からモノを渡すのももらったほうは負担になるので、男性から申し込む場合なら、

「一度ごはんでもいかがですか？　○○に新しいフレンチのお店ができたそうです。美味しいと評判です」

と具体的な利益をあげて食事に誘うのが女性にとってのプラスアルファになるでしょう。しかしその食事場所が安い居酒屋や定食屋だと、「どうしてあなたとあんなところに行かなきゃならないの。友達でもないのに」ということになってしまって、プラスアルファでも何でもなくなってしまいます。

私の周りでも、そういう話はよく聞きます。先日もある男性が意中の女性と2人だけで食事をするのに成功したらしいのですが、つれていったのがイカ専門の大衆居酒屋でした。メニューはすべてイカだけ。私もそこのイカ料理は大好きですが、初めて女子とデートをするのに〝イカ責め〟もないものだと、みんなで笑ってしまいました。

よく女子会でも、「デートの最初にこの店？」みたいな話題で女子がおおいに盛り上がり、「やっぱりないわー」と、そこで結論が出されてしまって、ふられてしまうことがよく起きています。

ですから最初に誘う文面には「わりといい感じのイタリアンのお店があるので」とか

「美味しいフレンチの店を見つけました」と頑張って少しグレードの高いところを提案するのがいいと思います。

初めのうちはハイグレードのところに行っても、仲良くなるにつれてリーズナブルなところに落ち着くようになります。「ずっとフレンチのフルコースだったらどうしよう」と心配する必要はありません。

女性にとっても、「美味しいものを食べに行く」という理由づけができますので、誘いに乗りやすいメリットがあります。

そして2回目、3回目といろいろなところに連れて行けば、「この人と一緒にいると、美味しいお寿司が食べられる」とか「いま話題のお店に行ける」という付録がついてきて、だんだん心がオープンになっていきます。

この〝プレゼント作戦〟は自然界では雄の生き物がごくふつうにやっていることです。NHKの『ダーウィンが来た』という番組で見たのですが、チャイロニワシドリという鳥の仲間は雄が木の枝で小屋をつくり、その前を色とりどりの花や木の実で飾って雌の気を引きます。またマイコドリという鳥の雄は師匠のベテラン雄にくっついて踊りを習い、何年も修行して踊りの成果を雌に見せます。

つまりたいていの場合、男性が何がしかのプレゼントを用意するのが自然界の掟といえます。割り勘全盛の時代になってきましたけれども、もともと自然界とはそういうものなので、最初は「こういうお洒落なところがあって、ごちそうしたいのでどうですか」という提案は自然なことです。

できれば具体的に店名を書いて、誘うのがいいと思います。

自分にとっての利益は、あなたと一緒にいること。

あなたにとっての利益は、美味しいものが食べられること。

理想的な交渉はお互いがウィンウィンの関係になることですから、食事で誘ってみて、「この条件でどうですか?」と示してみるのは、ゼロからスタートする交渉の第一歩としては、わりと成功率が高いのではないかと思います。

★ 文面に相手にとっての具体的な「利益」を盛り込むこと。

3 具体的な選択肢を複数用意する

交渉事の3原則の2番目は「オプションを示す」です。

「13日がダメだったら、18日はいかがですか？」
「今週でしたら水曜と木曜、来週なら金曜日あたりはいかがですか？」
「フレンチが苦手なら、お寿司か懐石はいかがですか？」

と複数の選択肢を書きつらねてみるのです。

まったく芽がない場合は、どんなオプションを示しても「ごめんなさい」と断られてしまうので、相手の気持ちがわかります。

多くの場合は、まだ好きとも嫌いともどちらともいえないことが多いでしょう。相手も1、2回くらいなら行ってもいいかな、という感じになるでしょう。

オプションをあげる場合のコツですが、具体的なオファーにしないと「またいつか」となってしまって、流れてしまいます。

断られないためにベストな手は何かというところから、オプションを考えていくのがいいと思います。

相手に対する「利益」や「オプション（選択肢）」の提示は、あなたにこれだけのメリットがありますという自分の誠意を形にしたようなものです。

「こんなことをいわれても、私にどんなメリットがあるのかわからない」というものをいくら書いても誠意は感じられません。

やはり具体的な店名を出して、

「ごちそうさせていただきます。この日とこの日とこの日はどうですか？」
「一緒にお話できるだけでうれしいです」

と書いていけば、評判の店だったりすると、「ちょっと行ってみようかな」という気になります。

またいきなり「つきあう」というのではなく、「雑談の相手からでも」とか「友達として」「同じ趣味の仲間として」などとハードルを下げたオプションをつけていくと、相手も了承しやすくなります。

★ハードルを下げたさまざまなオプションを提示しよう。

4 交渉が決裂したときの別の選択肢を準備しておく

交渉事の3原則のうち3番目の「BATNA《バトナ》」は、交渉が決裂したときの別の選択肢という意味です。断られたとき、もうあとがないと、せっぱつまった感じが文章にも出てしまいます。

断られたらこの世の終わりだ、と思っていると、その余裕のなさが文面にあらわれて重くて不気味な感じがしてしまいます。

「この人は余裕がない人なんだな」と思われて、引かれてしまうのです。

モテる人がよりモテるのは、ふられても次があるという余裕があるからです。恋文は重すぎたり、しつこくてもこわくなってしまうので、書くときは心の中で「これがダメだったら、また別の人を誘おう」というくらいの余裕を持ってのぞむのがいいでしょう。その落ち着きがあると、受け取るほうも安心して「それじゃ、考えてみようかな」と思うかもしれません。

恋文を書くのはなかなか面白いものがあって、私の高校時代でも、誰かがラブレターを書くと、クラス中がお祭り騒ぎになって、みんなでそのラブレターを添削したり、アイデアを出し合ったり。

「それでどうなった?」「ダメだった」などと文化祭レベルに盛り上がったものです。

とくに男性の場合はトライアンドエラーのようなところがありますので、これがダメでもまた次に行く、ということをくり返しながら成長していけばいいのです。

その意味でいくと、就職活動と似たところがあります。この会社に断られたら、次に行けばいいわけで、こちらがどんなに熱い思いを持っていても、相手次第のところがありますから、断られてしまったらしかたありません。

世界には70億人もの人間がいます。断られたら次へ、また断られたら次へ。恋文を書いて思いを伝えていけばいくほど、精度が高まって、より自分に合った人にめぐりあえるはずです。1人や2人に断られても、めげることはありません。

成功とは成功するまで続けること。縁のある相手にめぐりあうまで、何度でも失敗して、積極的にチャレンジしていきましょう。

★トライアンドエラーの心持ちで、余裕をもって臨もう。

5 断られても、定期便でご機嫌うかがいをしてみる

断られてしまうのは、可能性がまったくない以外に、時期が悪いケースも考えられます。相手にその気がなくても、何度か誘っているうちに気持ちがほどけてくることがあります。実際、テレビの『新婚さんいらっしゃい』を見ていても、最初はまったく好きではなかったのに最後は結婚していたというカップルがけっこういます。ですので、最初に100%ないと言われても、どうしてもあきらめきれないときは、3ヵ月に1回くらいの割合で誘いの手紙やメールを書いてみる、という手もあります。

季節も変わりましたが、お元気でお過ごしのことと思います。もしよろしかったら軽くお食事などいかがでしょうか。

3ヵ月あると、恋愛の潮の流れが変わっていることがあります。しつこいといやがられますから、3ヵ月に1回くらい、定期便のようにご機嫌うかがいのメールや手紙を出して

みるのです。相手の恋愛事情が変わっていて、「食事くらい行ってもいいかな」と思わないとも限りません。

3ヵ月に1回ぐらいの軽い誘いなら、相手からそれほどしつこいと思われることはないでしょう。

★ 3ヵ月に1度くらいの誘いのメールは効果あり。

6 関係を太くしたいなら、ネガティブな感情は書かない

首尾よく相手に会ってもらえたとして、問題はそこからいかにスペシャルな関係に育てていけるかにあります。

恋愛とは、ちょっとした関係ができた人との間で、いかに関係を太くしていけるのか、あるいはその関係を長続きできるのかにかかっています。いまはＬＩＮＥやメールなどＳＮＳでのやりとりも多くなっていますが、ほんのちょっとしたメールのやりとりでムカついたり、いやになって別れるケースもよく聞いています。

「最近、ちっとも連絡をくれないわね。どうして?」とか「昨日は電話に出なかったけど、どこで何してたの?」など、詮索したり、責めるような文章になってしまうと、相手は面倒くさくなって、よけいに離れてしまいます。

反対に相手と別れたいときは、責めたてる文章を書いておけば、またたく間に人は去っていってしまうのですが。

いまは言葉次第で簡単に人が別れてしまう時代になっているので、きっかけをつくる恋

文も大切ですが、それ以上に、関係ができてからそれを長続きさせるやりとりに心を配りましょう。

SNSのような短い文章であっても、ネガティブな感情をそのまま乗せるのはとても危険です。そこは思い切って、文章にマイナスの感情は乗せないと割り切ってしまったほうがいいでしょう。

それでもどうしても相手につらい思いや気持ちを伝えたいときは、日本の和歌の手法をおすすめします。万葉の昔から日本人は貴族はもちろん、平民や防人も五七五七七のリズムにこめて自分の気持ちを表現してきました。自分の思いのたけを和歌にこめて表現できるDNAは確実に私たちの中に受け継がれています。

私の教え子のある学生は地理の先生をめざしていましたが、あるとき私が授業の内容をすべて五七五七七の和歌に変えて教えてみてください、とムチャぶりをしたところ、その場で見事に和歌をつくるのでびっくりしたことがあります。

ツンドラ気候や亜熱帯気候の特徴をスラスラと和歌におさめてしまう彼を見て、改めて「我々は日本人なんだ」という思いを強くしました。ちなみに彼はいま高校で短歌の指導者になっています。

こんなふうに私たちの中には五七五七七で表現できるＤＮＡが流れているのですから、これを使わない手はありません。「ちっとも会いにきてくれないわね」といううらみがましい言葉も和歌に変えれば「ながながし夜をひとりかも寝む」（柿本人麻呂）と何となく気品が漂ってきます。

ネガティブな感情は文章にしないのが無難ですが、どうしても言いたいときは、五七五七七のリズムにのせて、

「あなたにはあなたの土曜があるものね　見て見ぬふりの我の土曜日」（俵万智『サラダ記念日』）

などとさらりと書いてみるのはどうでしょうか。

★マイナスの感情は和歌に変えてしまおう。

7 すきま風が吹いたときは〝日常〟で埋める

恋愛関係は山あり、谷ありです。相手とけんかをしてしまったり、相手の心が離れそうだと感じたときは、どんな文章を送るのがいいでしょうか。

「なんで連絡をくれないの？」や「昨日はずっと留守みたいだったけど、どうしたの？」など責める言葉は絶対にいけません。相手の心が離れるだけです。

こういうときは何気ない日常のメールを送るのに限ります。「昨日どうしたの？」と相手を問いつめるかわりに、

「いまテレビを見ているんだけど、このチャンネルでものすごく面白い芸人がいるよ」

と送れば、相手も「じゃあ見てみる」とすぐに返事ができます。そして同じテレビ番組を見て、「ほんとだ。面白いね」と二人の日常に戻れます。

恋愛とは、熱くなっているときが最高の状態ではありません。熱い時期はそれほど長く続かないうえ、どちらがどれくらい好きかというバランスも不均衡なことが多いのです。

相手の熱量が下がってきたとき、それでも関係を維持したかったら、何気ない日常に相手を引きずり込むことです。基本はメールでもＬＩＮＥでもかまいませんが、たわいもない日常会話を頻繁に交換し続けること。そして飽きないようにするのが、結局は楽で、長続きする関係です。これを同性同士でやっているのが女子会です。「あれが美味しい」とか「あれが面白い」とガールズトークをしているのは、とても楽なので、そのうち異性が必要なくなってしまいます。たわいもない日常会話ができる関係は、それくらい楽で快適なわけです。それを同性にではなく、異性にやるわけです。

別れ話がエスカレートしそうなときも、別れたくなければ、ふっと相手を日常に戻してみる。「あのときのあれ、美味しかったよね～」とか「よく行ったあの店、どうなってるかな」など、たわいもない言葉を書いて日常に戻してしまうと、相手はその居心地よさにからめとられてしまって、「ま、いいか」となる可能性もあります。

★関係を長続きさせるには〝日常〟をアピールする。

8 「共有」がキーワードに。2人だけに通じる隠語もおすすめ

恋愛関係を長続きさせるコツは「共有」にあります。一緒に旅行に行くのも経験の共有ですし、そこまでおおげさでなくても、ネットでニュースを見て「ちょっとこれ見てみて」とメールし、「へえ、すごいね」と返事がくれば、そのニュースを2人で共有したことになります。

ですから言葉でまめに共有事項を増やしていくと、積み重なったやりとりが結びつきの強さに変わっていきます。

共有事項という意味で言うと、2人だけに通じる隠語のようなものを増やしていく手もあります。よく芸能人の記者会見で、2人で呼び合う呼び名を聞かれて、恥ずかしがる場面があります。あれも一種の隠語でしょう。

隠語、つまりジャーゴンが通じ合うと、急に親密度が増すという特徴があります。例はよくありませんが、犯罪者が刑務所の中だけで通じる隠語を使っていると、その人たちの仲間意識が高まるそうです。一般社会でも上司や先生をあだ名で呼んで、みんなで盛り上

がりストレスを発散させているケースがよくみられます。

それを男女間に使ってみるわけです。お互いの呼び名はもちろん、２人で経験した出来事にも名前をつけていきます。たとえば２人で食事に行った店にものすごくおせっかいなおばさんがいたとしたら、その人のことをあだ名をつけて呼んでみるのです。

「あのときはまいったね。〝世話好きおばさん〟がいたからね」などというメールを送ると、２人しか笑えない秘密の共有事項になって、関係が深まるでしょう。

★ まめに共有事項を増やし、メールなどで確認しあう。

第六章

「お見舞い・お悔やみ」相手の気持ちに言葉で寄り添う

共感が試されるとき。一度気持ちをリセットして

お見舞いやお悔やみの気持ちを伝えるときは花やお菓子など品物を贈ることも多いと思いますが、そういうときでも必ず文章を添えたり、別便でハガキや手紙を送るのが礼儀です。

相手が一番大変なときに、モノだけ贈られても「それがなんだ?」ということになってしまいますので、慰めや励ましの言葉を添えるのは常識でしょう。とくに日本人の感覚では、言葉が人の気持ちを慰めてくれる心の贈り物になる、という点を心にとめておきましょう。

とはいっても、こういうときの言葉の選び方は大変難しくて、下手な言葉を選んでしまうと、悲しみがより深くなってしまったり、怒りを買うこともあります。

基本的には相手に共感するのですが、「よくわかります」という空気感を出しすぎるのも、「おまえに何がわかるのか」と反感を買ってしまうので、気をつけなければなり

ません。

たとえば病気のお見舞いの場合、自分も同じ病気を経験していればいいでしょうが、患ったこともないのに「そのつらさ、わかります」などと書くのは考えものです。

人間の感情は不思議なもので、寄り添ってはほしいのですが、あまり「わかった」風に言われると、なぜかイラッとしてしまいます。といってまったく共感してくれないのも悲しいですし、「人はどうせみな病んで死んでいくものですから」と無常観を説かれても「そういうことではないんだけど」と思ってしまいます。

このへんは控えめな距離感が必要です。距離感をはかるのが難しければ、一度相手の気持ちになって、「さぞかしつらいだろうな」と自分の気持ちをリセットしてみるのがいいと思います。

というのも、相手に対してあまり共感できていないのに、お見舞いやお悔やみを書いてしまうと、気持ちが整っていないので、どうしても上っ面な感じになるからです。

メールのような簡単な文章でも、文にはその人の本心がのぞいてしまうのがこわいところです。お見舞いにしろお悔やみにしろ、本当に心配してくれているのか、悲しんでくれているのか、心の深さが試されていると思ったほうがいいでしょう。

お祝いの場合なら、こちらに祝う気持ちがあまりなくてもそれほどひどいことにはなりませんが、お見舞いやお悔やみは共感がないと、相手に敏感に伝わってしまいます。語尾や言葉づかいにそうしたニュアンスがあらわれてしまうものなので、とにかく一度気持ちをリセットして、相手の気持ちになってから書き始めるのがいいでしょう。

孔子は、重い病気にかかった弟子の伯牛を見舞い、手をとり、「この人にしてこの病《やまい》あり、この人にしてこの病《やまい》あり」と言葉を繰り返して嘆きました。「こんな立派な人がなぜこのような病気になるのか」という無念さを心の底から伝えています。

人がつらくて悲しんでいるときに共感が示せない人は、「心が冷たい人だ」と一生うらまれてしまいます。控えめな距離感を保ちつつも、相手の気持ちになって悲しみに寄り添う共感力が大切です。

1 短めに書いたほうがボロが出ない

お見舞いやお悔やみの文章はあまり長く書かないほうがいいでしょう。

相手は非常に繊細で心が折れやすくなっているので、敏感にセンサーが働いてしまいます。ちょっとしたひと言でも過剰に受け取られてしまい、「あんな心ないことを言う人なんだ」とうらまれないとも限りません。

これは人から聞いた話ですが、病気のお見舞いなのに、自分が病気をしたことを長々と書いてきた人がいて、気が滅入ったということです。

お見舞いを送ったほうは「同病、相憐れむ」の気持ちで共感を示したつもりなのでしょうが、お見舞いされるほうはふだんの状態ではありません。予想外の反応をしてくると思ったほうがいいでしょう。

長い文章を書くと、どこかでボロが出たり、マイナスに面があらわれてしまう可能性があるので、あまり長くなりすぎないほうが無難です。

「このたびのご入院、心よりお見舞い申し上げます」
「〇〇さんより入院のことをうかがい、大変驚いております」
「くれぐれもご無理をなさらず、ゆっくり療養なさってください」
「一日も早く回復されますことをお祈りしております」

お見舞いやお悔やみの定型は抑えつつ、しつこくならない程度に、さらりと相手を気づかう言葉を入れこんでいくのがいいと思います。

★ お見舞いのお便りは、長くなりすぎないように。

2 「頑張ってください」は使わない

お見舞いやお悔やみの文章でよくあるのが、「頑張ってください」という言葉です。これは口頭でもつい言ってしまいがちなワードですが、言われたほうはこれ以上頑張りようがないと不愉快に思ってしまうNGワードです。

便利な言葉なので、使いたくなるのはわかるのですが、文章にする場合はあとあとまで残りますから、とくに注意が必要です。「頑張ってください」ではないほかの言葉を探すのも誠意だと思います。

病気のお見舞いなら

「くれぐれもお大事になさってください」
「元気な笑顔をお待ちしています」
「一日も早いご回復をお祈りしています」

などがいいと思います。人が亡くなった場合は、

「どうか気を落とされないように」
「とても残念でたまりません」

などと書くのがいいでしょう。
いずれにせよ家族に不幸があったり、当人が病気になった時には、相手は気持ちが沈んでいるので、手紙やメールは重すぎないようさらりと書くのがポイントです。

★相手に不幸があった時のひと言には細心の注意を。

3 パーソナルなひと言を書き添える

お見舞いやお悔やみ文の場合は、タイミングを逸してしまうと、送る意味がなくなってしまいます。文章の書き方に困ったら、定型文でもかまわないので、あまり時期はずれにならないうちに、メッセージを送りましょう。

定型文なら誰に出しても大丈夫な安心感があります。ただしその中にひと言、自分と相手とのパーソナルな関係性を入れていく工夫が必要でしょう。

相手との交流の中で得ている情報やエピソードを取り混ぜながら、

> 「あのときはそのような状態だったんですね。何も気づかなくて申しわけありませんでした」
> 「自分も先年母を亡くしまして、お察し申し上げます」

など、定型文＋オリジナルな情報を入れ込んでいくと、心がこもった文章になります。

とくにお悔やみの場合は、パーソナルなひと言があるのとないのとでは印象が違います。私たちはたいてい身近に死を経験する機会を持っているので、「大変な思いをしているのはあなただけではない」というメッセージがそれとなく伝わるエピソードを加えていくと、温かみが感じられます。

★相手との交流の中で得ている情報を入れていく。

4 お悔やみはタイミングをずらすのもひとつの方法

政治家や経営者の間では、お祝いごとには遅れても弔問には絶対に遅れるな、というのが合い言葉になっているそうです。たしかにお祝いごとは人生に何度もありますが、お悔やみは亡くなる人にとっては人生に一度きりしかありません。たった一度の一大事にも駆けつけられないとなると「そんな薄情な人とはつきあわない」ということになりかねません。取り急ぎお悔やみの言葉を、手紙などで書き送るといいでしょう。

ただ、亡くなった直後は相手がたも取り乱していたり、いろいろな手続きで手一杯でしょうから、少し落ち着いてからあらためてお悔やみを送る方法もあると思います。四十九日も終わり、周辺が寂しくなったころを見計らって、故人の思い出にふれながら、「おさびしいでしょうね」などとメッセージを送ると、遺族も心が慰められます。

先日私の家で、人ではありませんが、10年以上飼った犬が死んでしまいました。人の心をメロメロにするくらい可愛いくて気品のある犬でしたので、いなくなったときは家族全員ショックが大きすぎて、しばらくは茫然自失の毎日を送っていました。

でも少したってから犬を飼ってなくしたことがある人たちから「自分の場合はこうでした。でも同じ種類の犬を飼ったら、悲しみから回復できました」とか「全然違うタイプの犬を飼ってみたら、少し気が休まりました」など親切なアドバイスをいただきました。

愛犬をなくした直後なら、「あの子に代わる犬はいない！」と依怙地になっていたでしょうが、少し日にちがたつと、そういうメールや手紙も次第に心にしみてきます。結局、いまわが家には前の犬とは似ても似つかない、やんちゃで暴れんぼうのテリアがやってきて、家中をひっかきまわしています。

何が言いたいのかというと、お悔やみを言われる立場からすると、ある程度気持ちをわかってくれるような人から「おつらいですよね」という言葉を贈られると、自然と心にしみて、だんだんと悲しみから回復していけるということです。

ですから亡くなった直後だけでなく、その後のゆるやかな回復にも寄り添って、手紙や葉書などで言葉をうまく交換していくのも、相手の人を支えて、感情のバランスをとっていくのに役立てると思います。

★ 少し時間を置いてから、手紙や葉書で相手の心に寄り添いましょう。

5 一緒に時間を過ごすオファーを出す

相手に本当に大変なことが起きてしまったとき、私が心がけているのは、その人がどういう状態なのかを推察することです。

たとえば急に奥さんが亡くなってしまったなどという場合、ふだんはそれほど連絡を取っていない相手でも、急いでメールを打って、その人の精神的な危機が回避できるような文面を送ります。

つまり一緒に時間を過ごすようなオファーを出してみるのです。

「お話はいつでも聞きます」

と書いておくと、向こうにその気がない場合は「ありがとうございます。そういうことがあるときはよろしくお願いします」と返事が来るでしょう。本当に困っているときは「では近いうちにお会いできませんでしょうか」とメールが来ます。

そのときの返事次第で相手の状態が推察できるので、「一緒にいたい」と言われれば、喜んで時間をつくります。こんなふうにたまにしか会わない友達でも、肝心なときには手紙やメールを送って気持ちを伝える関係をつくっておくと、お互いに何かあったとき助かります。

心中お察し申し上げます。私にできることがありましたら、多少なりともお力になれればと思っております。

といった文面は無難で、かつ相手の気持ちを推《お》しはかることのできるものです。

★ 肝心なときに手紙やメールで気持ちを伝え合える関係を築きましょう。

第七章

「依頼・お願い」自分の真情を添えて用件をはっきり伝える

真剣さや切実さがポイントに

人生では、人に何かを頼んだり、依頼をする場面に何度か遭遇するでしょう。依頼をするときはその前にまず自分がベストをつくしてみるのが前提になります。自分でやってみたけれど、どうにもならなかったという努力のあとがみられれば、頼まれるほうも、「それでは何とか力になろうか」と思うものです。

そのうえで、なぜそれが必要なのか、自分の真情をしっかり書き、何をしてほしいのか、用件をシンプルに伝えるべきです。相手の気持ちを動かすことが一番大事ですから、ただ「お金を貸してください」だけでは、「そんなことはできるわけがない」とつっぱねられてしまうでしょう。

ベストをつくすこともそうですが、自分がどういう状況にあるのか、どれくらい切実なのか、どれくらい頑張ったのか、真の情が伝わらないと、人は相手のためにひとはだ脱ごうという気にはなりません。

たとえば家族が病気になってしまって、いますぐ手術費用が必要だという理由が書いてあれば、気の毒だから、少し力になってあげようか、という気持ちにもなります。自分がいかに困っているのか状況を伝えて、その切実さを細やかに訴えていくということです。

つまり「これくらい切実だから」（＝自分の状況説明）と「どうぞよろしくお願いします」（＝自分の気持ち）をセットで語っていくことが、依頼やお願いのポイントになります。たとえば太宰治が佐藤春夫に芥川賞受賞についてお願いする手紙には切実さと真情があふれています。

「私は、よい人間です。しっかりして居りますが、いままで運がわるくて、死ぬ一歩手前まで来てしまひました。芥川賞をもらへば、私は人の情に泣くでせう。（略）私を、助けて下さい。（略）みもよもなくふるへながらお祈り申して居ります。家のない雀」

何ともすごい手紙です。自分はしっかりした人間で、頑張って生きてきたが、運が悪くて、これだけ書いても芥川賞をもらうことができなかった。もう死ぬ一歩手前まできている。だから私を助けると思って、芥川賞をください、と懇願しているわけです。

自分のことを「家のない雀」と言っているところも、佐藤春夫にすがりつく太宰の真情があふれています。

しかしこれだけ頼んでも、太宰は芥川賞をもらうことができませんでした。切迫した気持ちを書き連ねても、相手の気持ちが動くこともあれば、動かないこともあります。

私たちには、太宰のような高度な文学的なお願いはできないでしょうが、それでもベストをつくすのが依頼やお願いの文章です。ただし成功するかしないかは、相手次第なのでわかりません。

でもだからといって中途半端な依頼やお願いをするなら、最初からやらないほうがいいでしょう。どちらに転ぶかわからないにしても、真剣に真情を書きつづるのが、人にものをお願いするときの最低限のマナーです。

1　用件は具体的にして、まずは打診から

ビジネスの場面でも依頼の文章を書く機会がよくあります。

私の場合は講演や執筆、出演の依頼が多くきます。

たいていはメールでくるのですが、そういうとき、標題に漠然と「お願い」とか「ご依頼の件」と書いてあると、なんのお願いかわからないので、知らない人からのメールだとちょっと警戒してしまいます。

いまはウイルスメールもはやっているため、迷惑メールと勘違いされることもあります。

これは依頼の前の「打診」といえるのかもしれませんが、相手と最初にコンタクトをとるときは、自分の所属や身分を明確にして、なおかつ件名は「出版企画の件」とか「講演会依頼の件」と具体的に書いたほうが親切です。そうすれば内容が一発でわかります。

学生とやりとりするときも、件名は具体的にというのが私と学生たちとの約束事になっています。

「教育実習の面接の件」と書いてあれば、「ああ、あの学生からだな」とわかって、メー

ルがまぎれてしまうこともありません。初めてきたメールでも落ち着いて見ることができます。

★ ひと目でわかるよう標題を工夫する。

2 最初に用件を書いてしまってもいい

昔は手紙というと時候の挨拶を入れるのが決まり事でした。それが日本人の風情でもあったのですが、メール全盛時代になってくると、こういう形式的な部分は省略されるか、比較的ライトになる傾向があります。

いまはほとんど季節感をなくしたメールが多いのではないでしょうか。手紙でさえ、メールに引きずられて、時候の挨拶を省き、いきなり用件から始まるものも多くなっています。

とはいえ、依頼やお願いの文章ですから、最初の一文くらいは

「初めてのメール（手紙）で失礼いたします」

ぐらいの挨拶はあったほうがいいでしょう。

そのあとすぐに

「実は〇〇の件でご依頼したいことがあります」

とスパッと用件に入ってしまい、その後は「というのはこれこれこういう背景で、これこれのことをお願いいいたしたく存じます」と状況説明するのが、いまの時代にあった依頼やお願いの文章なのかな、と思います。

これがいままでの日本語の慣習ですと、最初に時候の挨拶があって、それから近況報告や事情説明があり、最後に依頼する形になります。その順番が逆になってきているわけです。

論文は結論を先にパンといって、そこからどうしてそうなるのかとだんだん細かい話に進んでいきます。これはどちらかというと西洋式の書き方ですが、一般的な文章も西洋式に変化していっているのでしょう。

いまはそういう時代なのだと割り切って、ビジネス文書の依頼やお願いは、形式的な時候の挨拶は省略し、いきなりズバッと用件に入るのもひとつのやり方だと思います。

「今回は私の就職につきまして、ご相談に乗っていただきたく、お手紙をさしあげました」
「突然のお願いで恐縮ですが、○○についての講演会の講師をぜひお引き受けいただけないでしょうか」

このように冒頭から読んですぐ用件がわかる依頼の文章だと、読む方もスッキリと入っていけます。

★ 用件は単刀直入に切り出しましょう。

3 他人を使って外堀を埋めていく

依頼やお願いの手紙やメールを出すとき、

「周りの人も『引き受けてくれたらうれしい』と言っています」

などといろいろな人の声を引き合いに出して書くのがいいでしょう。頼んでいるのは自分だけではない点を強調することで、より説得力が増します。

みんながそう言っているのなら、ちょっと面倒な案件だが引き受けてみようかな、という気になるのです。

結婚したい場合、自分だけでなく「私の家族もあなたがいいと言っている」と添えると、相手はまんざらではない気分になります。女性が本気で結婚したいとき、男性を何気なく実家につれていき、すっかりその空気にしてしまって、帰るときにはもう逃げられなくなっていた、というケースを私も知っています。いわば「外堀を埋めていく」やり方です。

依頼ごとではこれが意外に効力を発揮することがあります。自分が引き受けたとき、周りはなんと言っているのか、ほかの諸事情は大丈夫なのかと心配になることがありますが、

「○○に対しては心配がありません」
「社内の了承は得ております」
「もしお引き受けいただけるのであれば、このような形で進むということで了承は得ております」

など、相手が不安に思うことをあらかじめ埋めておくわけです。それだけ準備ができているなら、やってみようかなと、こちらのレールに乗ってくる可能性が出てきます。

もっとも「自分がＯＫしていないのに勝手に話を進めている」と思われる危険もあるので「決定事項として話を進めているわけではありませんので、もしお断りいただいてもご心配いただかなくて大丈夫です」とフォローの一文を入れておくのは忘れてはいけません。

★周囲の賛同を得ていることを書き添えよう。

4 引き受けた場合のリスクとメリットを開示する

依頼や頼み事を引き受ける場合、一番心配なのは、どれくらいの負担やリスクを伴うかです。

軽い感じでオファーしておいて、実は大変な内容だったということがたまにあって、「全然話が違うではないか」とその後の関係が悪くなってしまいます。

依頼するほうは、引き受けてもらいたい一心で、いわばだまし討ちのように「たいしたお手間は取らせません」とオファーしてくるのですが、1回目はだまされても、以後は二度と依頼を引き受けなくなります。

そこは嘘を書かないで、その人が引き受けてくれそうな大丈夫なラインを見極めて、正直に書くことが大切です。

たとえば

「拘束時間は最大で3時間です」

「全部の会議に出る必要はなく、年に2回の大会だけ出ていただければ結構です」
「最初のご挨拶だけ。30秒いただければ大丈夫です」

など何をすればいいのか限定をつけて、リスクをはっきり見える形にして書いてもらえると、安心して検討できます。

一方、引き受けた場合のメリットもしっかり記しておくべきでしょう。たとえば

「その会はこういう歴史を持っている由緒正しい会で、そこにお招きしたい」

という話だと、出席するのは一種のステイタスになるので、一度行ってみようかという気になります。

あるいは

「この会のメンバーにはこんな方がいらっしゃいます」

と記しておくと、「ああ、そういう立派な人も出ているのか」と判断する基準になります。

また講演会の依頼では「いままで講演されたのはこんな方々です」と知らせるのもいいでしょう。「あの人もやっていて、この人もやっているのなら、まあしっかりした団体が主催している講演会なんだな」と安心材料になります。

最近は時間や場所、内容、出席回数など諸条件が箇条書きになっている依頼文もよくあります。条件が箇条書きに並んでいる形式はいままでの手紙にはなかったものですが、受け取るほうはわかりやすいので、いまはかえってそれが親切に思えます。

相手に対してどの程度の負担があり、メリットがあるのか諸条件がクリアに書かれているのがいまのあるべき依頼文の書き方なのです。

★ 諸条件をクリアに明記すること。

5 フォーマルなお願いにもパーソナルな感情をちょっと加える

会社や組織の一員として依頼文を書くと、フォーマルな依頼のしかたになるわけですが、そこにプラスしてちょっとパーソナルな感情をのせていくと、説得力が増してくることがあります。

たとえば自分が組織の委員長や代表を務めていて、相手に組織として依頼を行う場合、フォーマルな依頼の最後のところで簡単にひと言かふた言、自分とその人とのパーソナルな関係を踏まえた感情をのせていくのです。

「私自身も断りきれずに委員長を引き受けざるを得なくなり、こんなお願いをしてしまうのは本当に心苦しく、申しわけないと思っております。お忙しいのは重々承知しておりますが、余人をもって代えがたい事情もあって、何とかお願いできれば本当に助かります」

と書けば、相手も「この人も役職を引き受けさせられて大変なんだな」と同情してくれるかもしれません。

事務的な文章だけでなく、そこに自分のパーソナルな嘆きというか、弱みを加えるわけです。すると「それじゃ、しかたないな」と思ってくれることもあります。

一通り用件を書いたあとに、

「……というふうにお願いいたしましたが、本当に申しわけなく思っております」


という感じの、本音的な気持ちをプラスアルファーとして書き添えておくのです。

淡々とした書き方だと、淡々とした断りの文章が書きやすくなります。向こうが事務的であれば、こちらも事務的に対応できます。でもそこに事務的ではない文章が加わっていると、こちらも事務的ではない文章を返さなくてはいけなくなります。

すると断る場合はいろいろ謝らなければならなくなって、気持ちのうえで負担になります。それならいっそ引き受けてしまおうかな、と承諾する方向に傾かないとも限りません。

どちらに転ぶかわからないときに、最後に「気持ちの一押し」を文章で表現しておくのは、ダメ元で試してみる価値があります。

ちょっとした感情がこぼれてしまった感じで書き添えておくと、その一押しが決め手になるかもしれません。

この一例としてあげられるのが、「意気に感じる言葉」です。

大人はたいてい忙しいので、基本的に依頼は引き受けたくないものです。そこを何とかしてほしいと思うのなら、心意気のようなものが必要です。

たとえば

「被災地のために、心意気としてこういうことをしたいので、謝礼はほとんど払えませんが、協力していただけないでしょうか」

とお願いすると、心意気がきちんと伝わっている場合は、意気に感じて引き受けてくれることがあります。

ビジネスでもなんでも、人は気持ちで動くところがあるので、たとえ仕事上の依頼であっても、金銭上のメリットを抜きに動くことがあるのです。

ときどき高校の学園祭に有名なミュージシャンがやってくることがあります。以前、ある有名なギタリストが高校の学園祭で演奏していたので、「学校関係者に誰か知り合いがいたのですか?」と聞いてみたことがあります。すると「全然知らない高校ですが、高校生の手紙がよかったので」と答えてくれました。

ふつうに依頼したら、間違いなく断られていたケースでしょう。でも生徒会長の依頼の手紙に気持ちがあふれていて、その心意気に動かされて、出演を承諾してくれたのです。文章で気持ちが伝わり、相手を動かしてしまうお手本のような例といえましょう。

★「気持ちのひと押し」を文章で表現しておこう。

6 最初はハードルを下げてお願いする

依頼を引き受けてもらいたいときは、ハードルを低くするやり方もあります。よくあるのがデートの誘いです。

私の教え子にラーメン好きの男子学生がいて、やはりラーメン好きの女子学生にアタックするのに「美味しいラーメン屋があるんだけど、1人で行くのもなんだから、一緒に行かない?」と誘いのメールを打って、2人だけの食事に成功しました。

デートの誘いだと、誘われたほうも「どうしようかな」とハードルが高くなりますが、「ラーメンを食べに行く」がメインだと、非常にハードルが下がります。

こんなふうに依頼をするときは

「最初の挨拶だけでけっこうです」
「ご相談だけでも」

とハードルを下げた文面で頼むのもいいと思います。

テレビ番組の依頼でも「アイデアだけでもけっこうなので」と依頼されて、引き受けてみたら面白くなって、結局、10年以上その番組に深く関わっている例があります。私が総合指導をしているNHK Eテレの『にほんごであそぼ』の野村萬斎さんのケースです。番組スタッフによると、萬斎さんはお忙しいので最初は企画を考えてもらうだけの依頼だったそうですが、話しているうちにどんどん盛り上がってきて、出演してくださることになったそうです。

まずはハードルを上げすぎずに、最初は関係をつくっておくだけでよしとする。そして相手の気持ちがのってくるようなら、徐々にいろいろなことを頼んでみるのも交渉術のひとつでしょう。

そのさい、相手との関係を深めるには、時折自分のプライベートを混ぜて、自分の顔が見えるようにしていくのがポイントです。顔の見えない人と交渉したり、関係を深めるのは難しいものがあります。

ですから自分のほうの情報をある程度自己開示していく必要があります。

「私はこの地方の出身で、いままでこういう仕事をしてきました」
「私の家族はこんなことを言っております」
「日曜日は○○を調べるため、図書館で一日費やしてしまいました」

など、その人の生活や人となりが少しわかるような情報を織りまぜていくと、「ああ、こういう経緯の人なんだな」と親近感がわいてきて、関係性が深まりますし、その後の依頼も引き受けてもらいやすくなります。

★ 最初は関係をつくるだけでもよしとする。

7 「ほめ」とセットにしてお願いする

上司から部下に依頼したり、立場が上の者が下の者に頼みごとの文章を書く場合、気をつけたいのは上から目線にならないことです。

昔なら、軍隊調で「これをやっとけ」「こうしろ」と命令すればよかったのですが、いまはそういう〝威張り癖〟のある上司は人気がありません。

人望があるリーダーは、共感力があって、こちらの立場がわかってくれる威張らない人です。リーダーとしての能力があるかどうか以前に、人間関係にストレスを与える人は門前払いされてしまうので注意しましょう。

そうならないためには、たとえ相手が下の者であっても、何かを頼むときは、丁寧な言葉づかいで、相手を気づかいながら、文章を書く必要があります。

とくにいまの若い人は「自分のことをわかってもらいたい」という承認欲求がとても強いので、若い部下などに依頼するときは「君のこの実績とこの実績がよかったので、これを君に依頼したい」と、相手をほめる内容とセットにするのがいいでしょう。

ただでさえ、上司からの依頼は部下にとってちょっと気が重いことが少なくないのですから、

「君はこういういい仕事をしてくれた実績がある。ついてはこれを頼みたい」

というように、ひと言相手をほめてから頼むのが、礼儀といえます。

自分をきちんと見てくれない人の依頼はあまり引き受けたくありませんが、しっかり評価してくれる上司なら、多少無理な依頼でも引き受けたくなるのが人情です。

「気配りが抜群の君なら、この仕事はうってつけだと思う」
「今回の難しい案件は、君以外にまかせる人間が見つからない。ぜひ君にお願いできないだろうか」
「君のコミュニケーション能力と調整力をもってすれば、難攻不落の○○社も絶対落とせると確信している」

ちょっとした言葉の使い方ですが、ほめ言葉をひと言加えるか加えないかは、部下のモチベーションに大きく影響します。たとえ簡単な社内メールであっても、人に依頼するときは、相手に対する気づかいが求められている時代だと、上に立つ人間は肝に銘じておいたほうがいいでしょう。

★何かを頼むときは、丁寧な言葉づかいで、相手を気づかいながら、文章を書こう。

8 選択肢を示すとその中から選びやすい

選択肢を用意しておくのは、相手に依頼を引き受けさせるうえでとてもいいやり方です。「Aをお願いします」と選択肢を一つだけしか示さないと、引き受けるか、引き受けないか、つまりYESかNOのどちらかになってしまいます。

でも

「AかB、どちらかでお願いしたいのですが、どうでしょうか」

と選択肢を用意されると、AかBのどちらかを選ばなければいけないと思ってしまうから不思議です。本当はAもBも断っていいのに、そうはならないところが人間の心理です。「それではBでお願いします。Aのほうは自分には負担が重いと思いますので」というような返事がきて、断られる確率が1択の場合よりぐっと減ります。

2択を設定するのは、相手の本心を探るのにも効果があります。「AとBではどちらが

「どちらかといえばBです」と言うので、Aは絶対ないとわかります。

すると今度はBの内容にしぼってプッシュしていくことができます。これは、恋愛のかけひきでも応用できます。「おしゃれなフレンチと評判のいい中華と異国情緒あふれるトルコ料理」の3択を出しておく。3択ならば、どれかを選んでくれる可能性が高まります。相手の選択によって、その後のデートの作戦を考えることができます。

世の中にはまったく可能性がないのに、むだな方向に鉄砲を撃ち続けて撃沈する人が少なくありません。「Aではどうですか？」「Bはいかがでしょう？」といろいろな方角から選択肢を書き出してみる。さらにすべて断られた場合は、「それでは代案はありませんでしょうか？」と相手に選択肢を出してもらう究極の〝荒技〟もあります。

一発勝負にすべてかけるのではなく、選択肢を示す方法を覚えておくと、依頼のとき役に立つでしょう。

★ 選択肢を示すことで、引き受けてもらいやすくなる。

9　情熱を持って、四方八方に依頼する

一カ所で断られたからといって、そこであきらめてしまうのは早すぎます。就職活動と一緒で、その会社には合わなかったかもしれませんが、ほかの会社で自分を必要としてくれるところはあるのです。

『悪童日記』を書いたハンガリーの作家アゴタ・クリストフは、有名なこの作品を書き上げてから、ある出版社に持っていきました。ところがそこでは断られてしまいます。その後、別の出版社に持っていって、世界的なベストセラーになるわけですが、こんなすごい作品を断った出版社もあったわけです。

ですから依頼をしてひとつのところから断られたからといって、依頼自体がまったくダメというわけではありません。情熱をこめて書いたものは、どこかで誰が反応してくれるものです。

就職試験を受けるときにエントリーシートというのを書きます。私の教え子で、20社に出して、すべて落とされ、21社目でようやく面接にこぎつけ合格できた学生がいました。

20社ダメでも、1社受かればいいのですから、気持ちがこもった文章を書いた場合は、同じ内容でいいので、あきらめずに3ヵ所、4ヵ所と持っていくのがいいでしょう。

別の教え子は、全国の私立の学校に自分を売り込む手紙を送りました。

「自分は〇〇の教員免許を持っていて、こういうことを教えたいと思っています。ついては貴校に空きがあって、面接をしてくれるというお気持ちがあれば、自分はぜひ一生懸命やりたいと思います」

というような手紙の内容でした。

そして返事がきたところには、日本中どこへでもバイクで駆けつけるというワイルドな行動力をアピールしました。最終的には九州のほうの学校で空きが出たので、バイクで面接に行って、そのままそこで教え始めて、正式な教員になってしまいました。

彼は社会人入学した学生で、たしか以前は大企業の営業をしていたと思います。営業をやっていただけあって、さすがにパッションと行動力があると感心したのを覚えています。

依頼は必ずしも1対1とは限りません。自分の気持ちをこめた手紙を複数の相手先に送って、ここがダメだったら、こっちというぐらいの気持ちでいるのも、依頼を成功させる秘訣です。

★ひとつのところに断られても、あちこちに依頼し続ける姿勢で。

第八章

「お礼」
お礼の言葉はモノに添える「気持ちの粗品」

お礼は円滑な人間関係をつくるための必要条件

人に何かをしてもらったら、お礼をするのは人間関係を円滑につくっていくための絶対必要条件です。人の好意に対してきちんと感謝ができる人かどうかは、その後の信頼関係をつくるうえで非常に重要なポイントになります。ものを贈ってもらったり、便宜をはかってもらったのに、お礼ひとつ返せない人だと、次からその人のために何かしてあげようという気にはなりません。

便宜をはかったほうはそのことをいつまでも覚えています。自分が思う以上に相手はそのことを覚えているのだと心して、細やかすぎるくらい丁寧にお礼を返していくのがよいでしょう。そんなとき、メールや手紙などでお礼状を送るのは、とても大きな効果があります。本章では、お礼状を書くポイントをご紹介します。

1 お礼とは、真心の贈り物

「あのとき、これこれこうしていただいてありがとうございました」と簡単なお礼メールを送るだけでも、相手は「ちゃんと感謝してくれていたんだ」とうれしくなります。ついでに

「胸のあたりがポッと温かくなるような思いがしました」

とオリジナルな言葉をつけると、言葉がお礼の気持ちに添える粗品になって、相手は感謝の気持ちを手渡された思いになります。

お礼とは、真心の贈り物と考えていいでしょう。おざなりの粗品を贈られるより、本当に心のこもった文章をもらったほうがありがたいときもあるので、お礼の言葉は必ず相手にお返ししましょう。

たった一文でも、お礼状を送るのと送らないのとでは、その後の関係性づくりに大きな

差が生じます。お礼状は人間関係をつないでいくという点では、コストパフォーマンスが非常に高いものですから、すぐにお礼状が返せるよう、いまの時代ならスマホに文面をつくっておいたり、移動中の乗り物の中を利用して、メモ帳に文章を打ち込み、メールを送れるようにしておくといいでしょう。

かつては会社の備品の中にお客さんや取引先へのお礼用にタオルやボールペンが用意されていました。モノだけではなく、心のこもった文章でお礼の気持ちを伝えるのが、よりこまやかな人間関係のつくり方です。タオルやティッシュにかわるお礼の言葉をどれだけたくさん用意できるかが、人間力の大きさとして問われているのだと思います。

★ ふだんから便利なお礼のフレーズをストックしておこう。

2 お礼は早ければ早いほどポイントが高い

お礼や感謝は早ければ早いほど、「ありがたい」気持ちが伝わります。

ある有名な経営者は、政財界に知り合いが多いため、会社にはたくさんの献本が届きます。すると本が届いた当日に、自筆のお礼状を出すのだそうです。当日ですから、まだ本を読めるわけはありません。相手も当然本を読んでいないことがわかりますから、本の感想が書かれていなくても失礼になりません。すぐにお礼状を出すことで、必ずしもすべての本を読まなくてもすむのです。

お礼状が遅れてしまうと、本を読んだ感想を書かなければならず、大変気が重くなります。本を読むのが大変なうえ、とんちんかんなことは書けないので、どんどん返事が遅れてしまいます。

お礼が遅くなればなるほど、負担が増えてしまうと心しましょう。簡単なメールでもいいので、その日のうちに返しておくのが、社会性のある態度だと思います。

「このたびはたいそう立派な○○を頂戴いたしまして、まことにありがとうございます」
「ご丁寧なお中元の品をいただきまして、大変恐縮に存じます」
「過分なお心づかいを賜り、感謝の念にたえません」

定型文を冒頭において安定させておいて、気持ちを伝えましょう。自分の気持ちの負担を減らすためにも、お礼状はすぐに出すようにしましょう。

★ お礼状は、シンプルでもいいのですぐに出すよう心がけよう。

3 〝コピペ感〟が強いお礼状だと逆効果に

すぐにお礼状を出すのがポイントだとしても、定型文をコピペしたものをポンと送りつけるのは考えものです。

「このたびはありがとうございました。おかげさまで助かりました。今後ともよろしくお願いいたします」という文章だけと、どんなときでも使い回せるので、受け取るほうは「コピペして送ったな」と思ってしまいます。

お礼状の中には〝コピペ感〟が激しいものがあって、それこそ一文字も打たないで、貼り付けて終わりというお礼状があります。これではもらったほうも興ざめです。コピペ礼状というのはわかるもので、「まったくお礼になっていないな」と思われてしまいます。

定型文の部分はあってもいいのですが、文面はそのつど考え、少なくてもプラスアルファはつけ加えるべきでしょう。

「今回は〇〇のお料理を本当にごちそうさまでした。メニューの中でも私は△△が一番好きでした」

と具体的に書くと、お礼の気持ちがしっかり出ます。具体的に書けば書くほど、喜んでいる感じが伝わります。

仮にもらったプレゼントが気に入らなかった場合でも、

「この部分のデザインはステキです」
「大きさがちょうどよくて使いやすいです」

とか、何か具体的に言えることを考え出して、書いたほうがいいでしょう。

本当に喜んでいるのかどうかは置いておき、何よりもまずは、相手に対して「本当に喜んでいる」と伝えることが大事です。

定型文の間に具体的なポイントや感触をサンドイッチのようにはさんでいけば、オリジナルの気持ちが伝わります。

どんなことにもすぐお礼状がきて、それが心のこもったオリジナルなものになっていると、人間関係がどんどん広がっていきます。人は自分がしてあげたことを喜んでくれる人が大好きなので、いろいろな機会に誘われたり、声をかけてもらえて、チャンスも広がるでしょう。

たかがお礼状、されどお礼状です。

★自分のオリジナルな一文を必ず書き添えよう。

4 人の苦労を見つけてこまめにねぎらう

誰かに何かを贈ったり、便宜をはかってあげたとき、お礼を言われるのはよくあることですが、みんなが知らない目立たぬ行為に対して、メールやカードなどで感謝の気持ちを伝えられたら、ものすごくうれしいものです。

たとえば世の中には、表にあまり出ることのない、縁の下の力持ちのような仕事や、裏方の役割などがあるものです。そういう人にサッと気づいてお礼が書けると、人間関係が格段によくなります。

役者の高倉健さんは照明や大道具、音声の人など裏方にいる人たちに対してこまめにねぎらいの言葉をかけたり、礼状を送ったそうです。なぜかというと、映画は彼らがいないと撮れないからです。主役は役者ではなく裏方さんだ、というようなことをインタビューでおっしゃっていました。

ふだん、裏方にいる人はお礼を言われることが少ないと思います。たとえば食事会などで、幹事をやってくれた人に

「今日のお店は落ち着いてみんなで話せてよかったです。お店選びが最高でした。ありがとうございます」

とそっとねぎらうわけです。そういう人に感謝の気持ちをメールやちょっとしたカードで示してみると、その人たちとの人間関係が格段によくなって、より円滑な人間関係が築けることでしょう。

裏方とは違いますが、異動や引っ越しでいなくなる人にも、「いままでお世話になりました」という定型のお礼以外に、その人がしてくれたちょっとしたことを思い出して

「あのとき電話の応対を教えていただき、たいへん助かりました」
「〇〇社さんとのトラブルのときは、貴重なアドバイスをいただいたおかげで乗り切れました。感謝しています」
「丁寧にご指導いただいたおかげで、仕事の勘どころがわかるようになって、職場に早くなじむことができました」

など具体的な感謝の思いを記すと、とても喜ばれることでしょう。同じ社内であれば、また一緒になることもあると思うので、異動する人に対してもいい人間関係を築いていくのは大切なことです。

★目立たぬ行為にこそ、感謝の気持ちを表すことは大切。

5 長めのお礼状なら、エピソードを3つ入れる

私が勤める大学では退職する教員に対して、思い出をつづった文章を書く慣例があります。それぞれが書いた思い出を文集のようにして、長年の功績をたたえます。これも一種のお礼状です。

そのとき意識しているのは、具体的なエピソードを書くことです。

その人の全体的な印象というよりは、生き方の中心となるようなことを1つ書いて、なぜそう思うのかに当たるエピソードを3つ書きます。

たとえば「心づかいができる優しい方」という骨格があるとすると、それだけでは説得力がないので、それに相当するエピソードを3つあげるわけです。

その際、マイナスなエピソードにはいっさいふれません。プラスのことだけを思い出します。

それがひとつも思い出せないようだと、誠実さがないことになります。

「みんなが疲れはてていたあのとき、そっとアイスクリームを差し入れてくれたのが、あなたでした」

というようなエピソードを思い出して、文章にしたためていくわけです。

こういうことをするためにはネタ出しが大事になります。これはお礼状だけでなく、文章全体に言えますが、いきなり書くというよりは、まずはネタをメモ書きにして書き出していくといいでしょう。

1何々、2何々、3何々、と3つそろったら、何となく文章になります。

私は小学生のときに、なぜみんなは最初にメモをつくってから文章を書かないのか、と思ったことがあります。作文の時間にいきなり一行目から書き始めてしまうクラスメートがいて、そういう子の作文は「朝起きて、歯を磨いて、学校に来て、運動会をやりました」というパターンになってしまいます。

それだと少しも面白くありません。それにノープランで書き出してしまうと、文章を書きながら悩んでしまうので、時間がかかります。わざわざメモをつくってから文章を書くのは面倒だと思うかもしれませんが、実は最初にメモ書きをつくってから書き出したほうが断然楽なのです。

いらない広告や書類の裏紙にでもかまいませんので、具体的なエピソードを思い出して、箇条書きしておいてから、文章を書き出すのがいいでしょう。

記憶の中を掘り起こしていく作業はちょっと大変ですが、その大変さが気持ちになっていくと思ってください。いざパソコンの前に座って思い出そうとしてもなかなか思いつかないこともあるので、電車に乗っているときなどすきまの時間を利用して、スマホにメモをしておくのもいいと思います。

抽象的な文章なら誰でも書けます。でも具体的なエピソードを思い出すのは少し労力がいります。やはり書く方もそれなりのエネルギーを込めて書くから、相手の心に響くのです。

なお、どうしてもネタ出しがうまくいかないときは、自分のビフォー・アフターに注目したり、何かと比較してコントラストを出すとやりやすいと思います。

「○○をしてもらう前はこうで、してもらったあとはこうなった」

とか

「○○と比較してきわだっていました」

というエピソードを思い出して書くのです。
変化や比較を強調すると、本当にうれしかった気持ちが伝わります。

★ ネタをメモしておいてから、書き始めよう。

第九章

「励まし」
足りないところを指摘するのではなくいいところをほめる

ダメなところを指摘して直すのは難しい

長く教員をやっていると、人を励ます場面が頻繁にあります。とくに大学生は学生から社会に飛び立っていく時期ですので、悩みも深刻です。就職活動がうまくいかなかったり、教育実習で壁にぶつかったりすると、その都度励まさなければなりません。

直接言葉をかける場合もありますが、ここでは、文章でもって相手を元気づけるときのコツをお伝えしましょう。

まずは「効果的な励まし方」ですが、私の経験では、足りないところを指摘して直させるよりは、その人のよさを活かして伸ばすほうが結果的にいいようです。「ここができていないよ」と指摘しても、いっこうに直らないどころか、気分的に落ち込んで前に進めなくなってしまい、その気分のフォローに時間を使うはめになってしまいます。

とりわけ最近の若い人たちは、一度傷つくと自分の殻に閉じこもってしまって、相手を拒絶したり、自己否定の回路に入ってしまうケースもあるので要注意です。基本的にはいいところをほめて、その部分を増やしていく励まし方が、間違いがありません。

学生の発表などでも、以前は「こういう発表はしないでください」とか「ここは気をつけたほうがいいよ」と指導していたのですが、そうやっても次の発表がよくなるとは限りません。ですから最近は「この部分はまったく問題ないからこの調子で続けて、あとは図やイラストを入れて、もっとわかりやすくすると、ものすごくよくなると思うよ」と肯定的に励ますようにしています。するとその学生は次から毎回イラストや図を入れた、とてもわかりやすい発表ができるようになります。ある女子学生は体を張るギャグを入れてくるので、その部分をほめたところ、毎回体を使ったプレゼンの技を磨いていき、就職試験もそれで無事突破して第一志望の会社の採用を勝ち取りました。

結局、励ましとはその人のいいところをほめることにほかなりません。ほめるとそこがガーッと伸びていって自信になり、マイナスを打ち消してしまいます。「色の白いは七難隠す」（色白の女性はそれだけで欠点が隠れる）という言葉がありますが、いいところが伸びていけば、ほかのマイナスは隠れてしまいます。

励ましの文章を書くときは、あくまで相手の長所をほめることに徹し、欠点を指摘して直させるトーンは避けるようにしましょう。

1 基本ＯＫとして努力する方向性を示す

励ましの文章を書くとき、一般論として、相手が大人数のときは「もっとこうなってほしい」とダメ出しの文面でもいいと思います。でも１対１で個別に励ます場合はポジティブに言わないと、こちらは励ましているつもりでも、叱責に受け取られる可能性があるので、注意しておかなければいけません。

励ましの文章を書くときは、たとえ相手に指摘したい問題があっても「基本ＯＫ」「問題がない」という線でいったほうがいいでしょう。骨組みＯＫ、方向性ＯＫ、その上でここだけこうしようとか、ちょっとだけアレンジしてみようとか、せいぜいマイナーチェンジを促す程度のアドバイスにとどめるよりも効果的だと思います。

励ましの手紙が大変うまかったのは、夏目漱石です。彼は非常に優しい人で、弟子たちが伸びるような励ましの手紙をたくさん書いています。

芥川龍之介に対しても、同人誌に掲載された彼の作品『鼻』について、さっそく激励の手紙を送っています。その一部を少し長いですが、引用してみましょう。

「……あなたのものは大変面白いと思います。落着があって坐山戯《ふざけ》ていなくって自然そのままの可笑味《おかしみ》がおっとり出ている所に上品な趣があります。それから材料が非常に新らしいのが眼につきます。文章が要領を得て能《よ》く整っています。敬服しました。ああいうものをこれから二、三十並べて御覧なさい。文壇で類のない作家になれます。しかし『鼻』だけでは恐らく多数の人の眼に触れないでしょう。触れてもみんな黙過するでしょう。そんな事に頓着しないでずんずん御進みなさい。群衆は眼中に置かない方が身体の薬です。（以下略）」

漱石は芥川に「ああいうものをこれから二、三十並べて御覧なさい」と具体的なアドバイスを送ったうえ、「文壇で類のない作家になれます」と称賛したのです。この励ましに力を得た芥川は『芋粥』『地獄変』など古典に題材をとったものをどんどん発表していきます。ただ「頑張ってください」ではなく、その人の伸びていく芽に注目して、努力する方向性を示したところに漱石の励ましの秀逸なところがあります。

漱石に励まされた弟子たちは、芥川しかり、久米正雄しかり、のちに作家として大成していきます。漱石は筆まめで、日に20通も手紙を書いたことがあると言われます。そうやって励まされた弟子たちが、才能を開花させて日本の文学界を支えていったわけですから、漱石の励ましがいかに人を育てる推進力になったかがわかります。

「ああいうものを二、三十書いていきなさい」と漱石から言われると、言われたほうはすごくほっとすることでしょう。仕事で部下を励ますときも、

「このやり方で問題ないから、これをもう少し回数を重ねていこう。精度を高めるだけでいいんだから」

という励まし方をすれば、部下のモチベーションも上がるでしょう。

励ましの文章の目的は相手のモチベーションをアップさせることにあります。どうしたら相手がやる気になって、前向きに進もうと思うのか、その目的に添うような書き方をするのが原則です。

★ 相手のモチベーションを下げないよう、その人のよい部分を認める言葉がけを。

2 3つほめて1つ注文を入れる

励ましの文章は、「基本ＯＫ」と相手を認めてあげるのが原則ですが、やはり問題を指摘したくなることもあります。

そういうときは、３つほめて１つ注文を入れるくらいの割合にしておくと、基本はほめているので、ネガティブさが薄らぎます。

ほめられている点が３つもあると、そうとう評価されている感じがあります。そうやって相手を持ち上げておいて、「これだけ注意してね」と言えば、そのポイントが素直に耳に入っていくわけです。

これが反対に３つけなして、１つほめても全否定された感覚にしかなりません。「１つ、ちゃんとほめたじゃないか」と言っても、ほめたところなど、少しも頭に残らないのです。

励ましというのは、まずは相手の気持ちをオープンにさせること。するとと相手は、こちらに対して素直に心を開いてくることでしょう。

ところが否定から入っても、相手は心を閉ざして殻にこもるか、反発するだけです。それでは何を言っても、耳に届きません。

最低でも3つはほめて、心をオープンにさせるのが先決です。

★「ほめ」は人の心を開かせる。

3 物事はすべて反対の言い方ができる

世の中のことはたいてい正反対の言い方ができます。たとえばお店にしても、「狭くてがさつな店」と表現することもできますし、「距離が近くて、賑やかで、気が張らない店」とも言えます。「閑散とした店ですね」と言ってもいいし、「静かでほかの人もいないので、ゆっくり話せてよかったです」とも言えるでしょう。

どんなネガティブなものでもポジティブに言い換えられますし、その反対もできます。ですから、普段からあらゆることをポジティブに書く練習をしておくといいでしょう。

長く教員をしていると、これが習慣になってきます。いま私のある授業では毎週学生がエッセイを書いてきて、提出します。一人A4の紙1枚だとすると、私は一人15秒くらいで目を通します。

そして読みながら「タイトルがユーモアがあっていいね」「途中の一文の引用がいいね」「おまけの写真が気が利いているね」などと「いいね」のポイントをどんどんあげていきます。

このほめポイントは一種のねぎらいの言葉です。自分がやったことに対して、何の反応もないと寂しいものです。その人の作業に対して言葉でこちらの気持ちを伝えることが、作業に対するねぎらいであり、返礼なのです。

私は学生が書いてきたエッセイを学生たちにも読ませて、コメントを出させています。そのとき学生からコメントがないと、誠実さに欠けると私は指摘しています。

「この人はA４一枚のエッセイを書くのに、大変な思いをしています。何かポジティブなことを言ってあげるのがこの人に対する誠実さでしょう」というわけです。

この訓練をしておくと、自分の中のポジティブセンサーのアンテナがいつも3本、バリバリ立つようになります。ほめるところがないような人でも、ポジティブセンサーが敏感になっているので、何かひとつくらいいいところが発見できるものです。

このことは、相手を励ます手紙を書くときにも大変役に立ちます。

ほめポイントを見つけて、それを文面に具体的に入れこんでいけばリアリティが出てきます。そのリアリティが相手に対する説得力になって、励ます力に変わっていきます。

★　普段から自分の中のポジティブセンサーのアンテナを立たせよう。

4 偉人の言葉を引用して励ます

お悔やみのところでも述べましたが、落ち込んでいる人へ「頑張って」という励ましの言葉をかけるのは厳禁です。言われたほうは「これ以上、どう頑張るんだよ」とよけいに落ち込んでしまうだけです。

といって長々と慰めたり、励ましの言葉を送っても、相手は心が弱っているので、受け止めるパワーがありません。そういうときは、もっと短い言葉でパッと訴えかけたほうがいいことがあります。

言葉がうまくはまれば、相手がはっと気づいて、立ち直るきっかけになります。「あのとき、あの言葉で救われた」という話はよくあることです。

短い言葉でも心に響くのは、言葉自体が人間の心の非常に細かいひだまで届く力を持っているからです。もちろん音楽を聞いて癒されたり、スポーツを見てスカッとしたり、いろいろな慰められ方があると思いますが、言葉は人間の思考に直接寄り添うものなので、はまった場合の影響が大きいのです。

ではどんな言葉を書いたらいいかですが、偉人が言っている言葉を引用するのが無難だと思います。自分の言葉だと、偉そうに上から目線で言っている、と思われる危険性があります。偉人の言葉ならそんなリスクもありません。

たとえばドイツの作家エッカーマンが書いた『ゲーテとの対話』には、ゲーテの言葉がたくさん出てきます。

「一人で仕事をするのはよくない。むしろ何事かをなしとげようと思ったら、他人の協力と刺激が必要だ」
「最も偉大な技術とは、自分を限定し、他から隔離するものをいうのだ」
「重要なことは、けっして使い尽すことのない資本をつくることだ」

という言葉などは、自分のことが好きになれなかったり、自暴自棄になっている人には響くのではないでしょうか。

いまはインターネットでも名言集がありますし、シェークスピアや聖書にも素晴らしい言葉があります。

相手を励ますための手紙やメールを送るとき、文面にそういうものを引用してみたり、または自分が励まされた言葉があれば、「ちょっとピントはずれかもしれませんが、私はこの言葉で励まされました」と謙虚に書くと、相手にも伝わりやすいことでしょう。

★ 名言集から心に響く言葉を探し、ストックしておこう。

おわりに

手紙やメールを書く本当の目的は、コミュニケーションの奥にある気持ちを伝えることです。単純に用件を伝える内容であっても、感情がのらないとパワーがないので、気持ちが伝わる文章になりません。

奨学金を得たいとか、誰かを紹介してもらいたいとか、便宜をはかってくれたことへのお礼をしたいなど、どんなことでもいいのですが、そういう目的を達成するために文章を書くとしたら、文章に気持ちが入っていないと、相手の気持ちをグッとつかむことにはなりません。

もちろん社会にはいろいろなパターンの手紙や文書が存在するので、そうした一般的な定型は覚えておかなければいけませんが、そうだとしてもコピー&ペーストで安易にすましても、決して相手に伝わるものにはなりません。そこに気持ちをのせていく、ワンランクアップの書き方を学んでいただくことで、さらに円滑な人間関係を築くことができるのです。

気持ちが入った文章は、たとえ年1回のメールのやりとりだけでも、深く人の心に残るものです。私の昔の教え子で、いまは教員になった卒業生がいます。彼からは年に1、2回メールが来ます。

それこそ「お元気ですか?」というご機嫌うかがいのメールですが、必ず「この本が面白かったです」という本の紹介が入っています。「この本を読んで元気になりました」と書いてあると、彼が元気で教員をやっているという情報も伝わってきて安心できますし、本の情報があるので「私も読んでみようかな」という気になります。

「お元気ですか?」だけだと、こちらも「元気です」と通りいっぺんの返事で終わってしまうのですが、「この本が面白かったです」「読むと元気になります」という彼固有の情報が入っていると、私も「じゃあ、その本を読んでみるね」と返答しつつ、ついでに「来週、こういう番組に出演するのでよかったら見てください」と自分の情報を伝えることができるのです。

そうやって互いに情報を交換しながら、気持ちを通わせているので、年にたった1、2回のメールしかやりとりしていないにもかかわらず、距離感はあまり感じません。文章の書き方ひとつによって、たった1通のメールだけでも、日常的にゆるやかにずっとつながっていくことができるのです。

いまはあらゆるものが結ばれているネットワークの時代です。たくさんの人とゆるやかにつながりながら、気持ちの交換ができるネットワークが持てたら、自分にとって役に立つ大きな資産になるでしょう。

書いて気持ちを伝えられる技術さえあれば、自分の資産になる有力なネットワークを築くことも可能なのです。

主な参考文献

『ゴッホの手紙　ベルナール宛　上』エミル・ベルナール編、硲伊之助訳、岩波文庫、1955年

『ゴッホの手紙　テオドル宛　中・下』J.v.ゴッホ－ボンゲル編、硲伊之助訳、岩波文庫、1955年

『きけ　わだつみのこえ』日本戦没学生記念会編、岩波文庫、1995年

『ノルウェイの森』村上春樹、講談社文庫、2004年

『傷痕の街』生島治郎、角川文庫、1995年

『フランキー・マシーンの冬』ドン・ウィンズロウ、東江一紀訳、角川文庫、2010年

『宮沢賢治全集１』宮沢賢治、ちくま文庫、1986年

『芥川龍之介全集２』芥川龍之介、ちくま文庫、1986年

『全書簡現代語訳　坂本龍馬からの手紙』宮川禎一、教育評論社、2012年

『太宰治全集　12　書簡』太宰治、筑摩書房、1999年

『サラダ記念日』俵万智、河出文庫、1989年

『漱石書簡集』三好行雄編、岩波文庫、1990年

『ゲーテとの対話』エッカーマン、山下肇訳、岩波文庫、1968年

齋藤　孝（さいとう・たかし）

1960年静岡県生まれ。東京大学法学部卒業。同大学大学院教育学研究科博士課程等を経て、明治大学文学部教授。専門は教育学、身体論、コミュニケーション論。
著書に『声に出して読みたい日本語』シリーズ（草思社）、『質問力』『段取り力』『コメント力』（以上ちくま文庫）、『雑談力が上がる話し方』（ダイヤモンド社）、『齋藤孝の「伝わる話し方」――共感を呼ぶ26のコツ』『人生に効く 名著名作の読み方』（以上東京堂出版）ほか多数。

相手の気持ちをグッとつかむ　書き方の極意

2016年9月20日　初版印刷
2016年9月30日　初版発行

著　　者　齋藤　孝
発 行 者　大橋　信夫
発 行 所　株式会社 東京堂出版
〒101-0051　東京都千代田区神田神保町1-17
電　話　(03)3233-3741
振　替　00130-7-270
http://www.tokyodoshuppan.com/
装　　丁　斉藤よしのぶ
D　T　P　株式会社オノ・エーワン
印刷・製本　図書印刷株式会社

ISBN978-4-490-20948-8 C0036

四六判、192ページ、定価(本体1400円+税)
ISBN978-4-490-20861-0